青春文庫

認知行動科学でわかった

うまくいく人の勉強法

匠　英一

青春出版社

はじめに

大人になってからの勉強は、それだけで困難がつきまとう。なにより、時間がとれないというのが最大のネックだ。どうにか時間を捻出できたとして、やらなければいけないこともわかっているのに、いざ勉強をはじめてみると、ちょっとつまずいただけであきらめてしまったり、仕事が忙しいからとつい先延ばししてしまったりする。

むろん、たとえ時間をつくって、本人は勉強しているつもりでも、なかなか思うような結果につながらない、というのもよくある話だ。

では、どうしたらいいのか――。

まず、やる気が続かない、若い頃のように記憶ができない、期待する結果が出せない状況には、それ相応の理由があるということをおさえておこう。

そのうえで、できるだけ、ストレスなく、モチベーションを保ちながら取り組むにはどうしたらいいのか、知っているだけで大きく差がつく勉強法についての最新の知見を集めたのが本書である。

この本には、認知行動科学でわかった、うまくいく人の83の勉強法を紹介している。

たとえば、細切れ時間で最大の効果をあげる「5分だけ勉強法」や、忘れた記憶を引き出せる「周辺情報連想法」、そして失敗を繰り返す「ハウリング現象」の解決策などである。

一度体得すれば一生使える「心のしかけ」の中から自分に合った方法を取り入れ、目指す結果を手に入れてほしい。

2025年4月

匠 英一

認知行動科学でわかったうまくいく人の勉強法＊目次

Step 1

目標設定　ゴールの見極めが勝敗の分かれ道　13

Step 3

記憶と集中　密度の濃い勉強の核心にあるもの ……63

目次

Step 5 スランプ　諦める前にやれることはいっぱいある　147

協力■新井イッセー事務所
DTP■フジマックオフィス

Step1

目標設定

ゴールの見極めが
勝敗の分かれ道

結果を出す人と挫折する人は「目的意識」の考え方が違う

自分から進んで何かを学ぼうとするときには、誰でも「よし！ 絶対にこの目標を達成してみせるぞ」と意気込んで勉強をスタートさせるものだ。

だが、スタート時点での意欲は高くても、いざ勉強が始まって努力や忍耐を強いられてくるようになると少しずつ意欲に差が出てくる。

そうして、やがては途中で挫折してしまう人と、最後までがんばってゴールにたどり着く人に分かれてしまうのだ。

この両者の決定的な違いのひとつは、勉強を始めるにあたって何のために学ぶのかという目的志向の「信念」があるかないかということである。

たとえば、同じようにＭＢＡ（経営学修士）を目指すにしても「いつか起業して、日本経済に貢献したい」という確固たる信念のある人と、「一流企業に就職できて、女の子にも自慢できそうだ」という打算的な目的の人ではまるで違う。

前者は勉強中に困難があってもブレることなく失敗も自己の「成長マインド」で乗り越えようとするが、後者は「MBAにこだわらなくても、ほかの資格で一流企業に入れそうなのを探せばいいや」などと、すぐにサジを投げてしまう。

大切なのは、まずは目先の損得に振り回されるような打算的な考えをやめて、成長マインドに根ざした目的意識を得るようにすることだ。

そのような成長マインドを研究したスタンフォード大学のドウェックは、困難ななかでも「やり続ける力」となる〝GRIT〟(グリット)ともなることを強調する。ただし、目的意識が信念となるためには強い感情体験と結びついており、簡単には持てないことがある。「何のために」という問いを自分に投げかけて、継続した目的意識をつくるようにしたい。


目先の損得に振り回される打算的な考えを捨て、成長マインド型の信念を持てば、困難にぶつかってもブレずに乗り越えられる。

人生の課題を「見える化」して願望と行動を一致させる

まだまだ続く長い人生、できるなら毎日を意欲的に過ごし、少しでも自分を高めていきたいと思うのではないだろうか。

だが、「こんな人間になりたい」「あんなことができるようになりたい」と頭の中であれこれ思いをめぐらしているうちは、なかなか結果には結びつかないものだ。その状態は、いうなれば脳内で夢や願望が漠然と浮遊しているだけで、自分の意識の下にはっきりとインプットされていないからである。

夢や願望をそれだけで終わらせないためには、まずは、紙に書き出すようにしたい。いわば「見える化」である。ビジネスでよく使われるこの「見える化」という言葉は、見えにくいものを共有して問題が発生してもすぐに解決できるようにするという意味で使われるが、ここでも意図は同じだ。

自分の中で言葉や形になっていないモヤモヤした考えや知識を紙に書き出すことで、記憶や思考を「外化《がいか》」させることになる。これだけで、その後の思考や行動は影響を受けるのだ。

別の言い方をすれば、もしも、自分の中に「いずれは独立したい」という漠然とした願望があった場合、それは自分の人生の「課題」ととらえよう。その課題を成し遂げるための最初のステップとして、紙にひとつずつ書き出していくのである。

「今年中に必要な資格を取る」「3年以内に軍資金500万円を貯める」など、できるだけ内容を具体的な形にして記すことと、何度か声に出して読み上げていくことを習性にすることがポイントだ。

これを目につく場所に貼っておき、朝一番で声に出してみれば、自ずと課題を実現しようと毎日を過ごすようになる。

夢や願望は、紙に書いておき、声を出して読むという「外化」をしていけば、自ずと行動もその目標にふさわしくなって変化していく。

「自己成就予言」をするとなぜ、うまくいくのか

勉強が思うように進まないと、何もかも放り投げてしまいたくなるときがある。そこまでいかなくても「何のために勉強するのか」と、疑問視する人は多いだろう。もちろんそれは自分のためであり、それが将来に役立つことはわかっていても、仕事の合間を縫って勉強をするのはたしかに辛いものがある。

しかし、あまり真面目に突き詰めることはしないほうがいい。必要以上に神経質になると、人によっては勉強をすることの本質を見誤ってしまうことがあるからだ。そんな苦悩を一気に解決してくれるのが、2つのキーワードだ。

ひとつは、「自己成就予言」だ。これは自分の夢を〝宣言〟し、それを自分自身に刷り込むことで結果的にうまくいくことである。

たとえば、「〇〇の資格を取りたいから勉強を始めたんだ」と友達に話してみ

よう。あるいは、そのことをノートや紙に書くだけでもいいだろう。

しかし、それでモチベーションが上がるかといえばそううまくはいかないこともある。そこで、今度は「認知的複雑性」で考えてみればいいのだ。

よく、どんな事柄に対しても客観的にとらえられる人がいるが、こういう人は「認知的複雑性」が高い。なぜなら思い込みや偏見に固執しないで、同時にいくつかの見方をして物事に対処しているからだ。

逆に認知的複雑性の低い人というのは、「落ちたらどうしよう…、会社にいけなくなる」などと考える。これは、マイナスの「自己成就予言」といえるだろう。

せっかく勉強するのだから、自分を追い込むようなことは避けたい。勉強の目的は人それぞれだから「いろいろあっていいのでは」くらいに考えるといいだろう。

勉強の目的は人それぞれ。
多面的な見方で、自分の
「ありたい姿」をイメージして宣言しよう。

自分の現状とゴールとの「距離感を見極める」といいワケ

勉強をする際、具体的な目標を掲げることは大切だ。ゴールがあると思えばこそ、そこへと向かうやる気が起こるからだが、ただし目標の設定には少々注意が必要だ。

たとえば、ジョギングの経験もない人がいきなりフルマラソンを完走すると宣言してもかなうはずがない。とはいえ、いくらゆっくり走ればいいからと言われても完走した喜びは少ないだろう。

つまり、目標は大きすぎても小さすぎても、結果につながっていかないのだ。

とくに、大きな目標に向かって一足飛びにコトを進めようとするのは挫折の元である。まずは、自分の現状とゴールへの距離感を把握したい。

これは「ギャップ分析」という方法だが、今の自分に何が足りないか、どんな勉強が必要なのかが見えてくる。そうしたら、そこを第一の目標に設定するのだ。

人は何かにチャレンジし、それをクリアできたことで達成感を覚える。この達成感は、やる気を保つには重要な要素のひとつだ。こうして小さな達成感を積み重ねながら目標のハードルを徐々に上げていけばいいのである。

もっとも、あまりにも簡単な目標では達成感に乏しいので、ある程度のがんばりが必要なレベル設定が望ましい。

また、目標は明確なほうがいい。できるだけ長時間机に向かうという曖昧なものよりも、1日1時間などと具体的に設定したほうが達成感を味わえる。達成感の繰り返しは自己肯定感を高め、さらなるやる気を引き起こすのだ。

達成感を得られると一歩ずつでもゴールに近づいていく実感が保てるため、勉強をしている目的そのものを常に意識することができる。

自分の能力に合った目標を現状とゴールの「ギャップ分析」で設定し、徐々にステップを上げていこう。

大志を抱きながら「目標設定は小さくする」

英会話のスキルがまったくないのに、「1カ月後にTOEICで800点台を取る」という目標を立てるのは誰が聞いても非現実的な話である。

志を高く持つのは悪いことではないが、あまりにも現実とかけ離れていると、かえってやる気がそがれてしまうものだ。

というのも、目標が大きすぎると達成したときの自分がイメージしにくくなり、そのための努力が億劫になる。そうすると、すぐ目の前にある「やるべきこと」を後回しにしたくなるのである。

そんな状況に陥らないようにするには、具体的に行動できる目標にまで小さく設定し直す必要がある。つまり、何か大きな目標を立てるときは、まず大きな目指す「方向目標」を決め、それを細分化して身近な目標を定めることが大事だというわけだ。

英会話を例にとるならば、まずは海外で企業家として活躍するという方向目標を決め、さらに「1カ月後までに新たに英単語を100覚える」とか、「半年後までに字幕なしで映画を1本鑑賞できるようになる」といった、すぐにできる達成したい目標(「成果目標」という)をいくつか設定する。

そして、さらに具体的な行動として1日ごとに何をするかを明確にする。これは「プロセス目標」と呼ばれるもので、たとえば、英単語なら単純計算で1日3〜4個覚えれば達成できるのだから「さあ、やるぞ」という気持ちにすぐなれるだろう。であれば、少なくとも後回しにすることはなくなる。

大きな目標を達成するには、「成果目標」と「プロセス目標」を分けて計画し、手近なところから始めて成果を積み重ねていくことが近道なのだ。

〝後回し〟の原因になりやすい大きすぎる目標は、成果とプロセス行動の小さな目標に細分化すれば達成できる。

失敗してもギアを入れられるのは「習得目標」を設定している人

たまに「心が折れる」という言い回しを耳にすることがあるが、せっかくがんばったのにそれまでの努力が実らなかったとき、まさにこういう状態に陥ってしまうことはよくある。

たとえば、1カ月以内に3キログラムの減量を目指したとする。好きなものを我慢して必死にダイエットしたのに目標の数値の半分もクリアできなかった——。こんなケースでは「これ以上続けられない…」とガックリくるのもわかる。

だが一方で、こうした挫折に負けずに「またがんばってみよう」と、もう一度ギアを入れられる人もいる。もちろん性格の違いもあるだろうが、意外と大きいのが目標の置き方の違いだ。

こうした目標には2つの種類がある。そのひとつが「習得目標」と呼ばれるもので、「もっとかっこよくなりたい」「もっと知識を身につけたい」という自分を高める自己成長に基準を置いたものだ。

もうひとつは「遂行目標」で、こちらは「痩せたと人から思われたい」「人よりデキるようになりたい」という他者との比較に基準を置いている。

目標を達成できないときに心が折れやすいのは遂行目標に重きを置いた場合だ。習得目標が優先的になれば、失敗も挫折もいい経験としてとらえることができるので、むしろ発奮材料になるのである。

他者の評価を基準にするよりも、自分を軸にして目標を立てたほうが達成までのモチベーションが持続する。最初の目的設定でそこの判断を誤ると、せっかくの努力も水の泡になりかねない。

他者との比較を基準にした「遂行目標」よりも、自己の成長に軸を置いた「習得目標」のほうが挫折しにくい。

いきなり満点を目指すよりも「間違えながら力を磨く」

人それぞれ性格が違うように、同じ勉強でもそれに対する取り組み方や姿勢は人によって異なるものである。

たとえば問題集を解くときに、「100点を取る」「100問を解く」「1時間問題を解く」の3通りの取り組み方があったとしたら、はたしてどの目標設定がより好成績につながりやすいのだろうか。

目標設定という意味ではどれもけっして悪いやり方ではない。ただし、自分の性格がプレッシャーに弱いタイプなら「100問を解く」あるいは「1時間問題を解く」のような目標設定のしかたをおすすめしたい。

点数にこだわるのはいわゆる成果主義で、成功にこだわるようなパフォーマンスの向上を目指す「達成動機」の強いタイプには向いているが、失敗を恐れる人にはかえって逆効果になる場合があるからだ。

失敗を気にしてしまう人というのは、いつもプレッシャーに追い込まれて勉強することになるので、思うような点数を出せなかったり、効果が現れないと挫折しやすくなってしまうのである。

こういうときは、「結果」よりも「数」や「時間」というプロセスに重点を置いたほうが好成績を出しやすい。

点数にこだわらなくていいのだからプレッシャーを感じることもなくなるし、失敗を恐れて次の一歩が踏み出せないなどということもない。しかも数や時間が相手なら、やる気があれば取り組みやすい。

ということは、「継続する力」までも鍛えられるというわけだ。

プレッシャーに弱い人は、結果よりも数や時間というプロセスを重視したほうが「継続する力」が上がる！

ノルマは「自分でコントロール」できると考えよう!

「継続は力なり」という言葉どおり、何事も長く続けることはそれだけで意味があるものだ。だが、大人の勉強ならば、目標に向けてただ続けるだけでなく「流れのよさ」も意識したい。

ジョギングを例にして考えてみよう。

最初の頃はワクワクして気分も乗っているため、つい長い距離を走ってしまうが、そのうち体が思うように動かない日や、気分が乗らない日も出てくる。

そんなときでも、それまで毎日仮に10キロメートル走っていれば、心理的には10キロメートル走らなければいけないような気になる。つまり、いつの間にか自分で自分に厳しいノルマを課して、それに縛られてしまうのだ。

そうなると、途中で挫折するというパターンも出てくるが、ここで諦める必要はない。ノルマがきつければ「減らす」という選択肢もあるからだ。

人は目標を設定すると、努力や課題の量を増やさねばならないと感じる傾向が強くなる。しかし、それによる無理が生じて流れが止まると継続することすら危うくなってくる。

そういうときは、自分でノルマを「自己調整学習」によりコントロールする必要がある。「今日は気分が乗らないから、10分だけ読書をして終わりにしよう」など、目標と現実のギャップを調整するわけである。

ジョギングと同じく、日々の学習はペース配分が大事だ。それをおざなりにすると息切れして挫折しやすくなる。

流れを意識すれば、目の前のノルマだけにとらわれず、目標までの大きな道のりが見えるようになるので、心にゆとりが出てくるはずだ。

継続のコツは「流れ」を意識すること。
ノルマがきついと思ったら
自己調整して減らすという選択肢もアリ。

ToDoリストを作ることを「自己目的化」しない

仕事や勉強をするときにToDoリストを作成している人は多いが、それだけで半ば目標を達成したような気になってはいないだろうか。

たとえば「資格試験の勉強をする」「プロジェクトのアイデアを出す」「歓迎会の店を探す」など、この手の内容を書き出してみると、それだけで何となく成し遂げたような気持ちになり、結局は手をつけられずに終わってしまうことも多かったりする。

その原因は、計画をすることそのものが自己目的になってしまい、作成すると安心してしまうからだ。

このパターンに陥ると、いざ実行しようと思ってもなかなか取りかかれなくなる。そうならないためにも、ToDoリストを作るときは、前述のように「プロセス目標」（成果目標に到達するための中間的な活動やステップ）のレベルにまで分解して書く癖を身につけたい。

たとえば、「資格試験の勉強をする」のであれば、「テキストの第1章を読み込む」「試験に出る用語を20覚える」「30分は過去問題を解く」など、とにかく具体性を持たせて書くようにする。

このようにすぐ行動できる言葉でリストアップすれば、自身の目的意識が高まり実行に移しやすくなるのだ。

何でもすぐとりかかれる人は、ＴｏＤｏリストをここまで進化させていることが多い。面倒なことほど分解作業を入念にすれば、今日やることは確実に達成できるので取り入れてみてほしい。

ＴｏＤｏリストは、すぐ実行に移せる言葉にまで分解すると、必ずその日のうちに達成できる。

目標を周囲に宣言して「ゲーム感覚」でゴールを狙え！

1人で勉強していると、どうもやる気がしないなあとか、ちょっとサボってしまおうか、などという気持ちがムクムクと湧き上がることがある。勉強をやめても誰に迷惑がかかるわけでもないと思えば、なおさら億劫になってしまうだろう。自分だけでモチベーションを維持するのはけっこう難しいものなのだ。

そんなときには、是が非でも勉強せざるを得ないような状況に自分を追い込んでしまうのもひとつの手である。家族でも友人でもかまわないが、とにかく周囲の人に「〜をする」と宣言してしまうのだ。

こうした宣言を「アファメーション」というが、こうすると自分以外の人と約束を交わしたことになる。人間心理として人を巻き込んだ約束は、自己の「認知的制約」となり破りにくいものなのだ。

しかも、宣言が守れなかった場合には、根気がない、意志が弱いなどと自分の評価が下がってしまうことになる。勉強を続けるのはたいへんだが、やめたらもっとまずい状況になると思えば、続けたほうがいいという気持ちになるわけだ。

結婚式などもこれと同じ効果がある。大勢の招待客の前で結婚の約束を交わすことで、心理的に離婚しづらくなるのだ。

また、宣言をするときにペナルティを課しておくのも有効だ。これができなかったら高級フレンチをおごるとか、1回につき罰金を1000円払うといった具合だ。

コツは、「ちょっと痛いけれど面白い」程度のペナルティにしておくこと。これならゲーム感覚で実行できて、楽しさがやる気をあと押ししてくれるだろう。

意思が弱い人は、第三者と約束してしまおう。他人に宣言したらやめるにやめられなくなる。

成功する人に必要なのは、「才能」よりも行動力

成功を収めた人には、きっと特別な才能が備わっているに違いないと思い込んでいる人は多いだろう。しかし、成功する人すべてが特別な才能の持ち主だとは限らない。では、成功する人に共通する能力とはなんだろうか。

じつは、成功する人は、ある特性を備えている人が多い。それは目標に向かって粘り強く努力していくという特性だ。言い換えれば「粘り強さ」を意味する「GRIT」や、「根性がある」ということになる。

根性と聞くと「我慢」とか「辛抱」といったイメージがあるが、ここでいう根性とはただひたすらにがんばるという意味ではない。成功した人たちに共通するのは、「ひとつのことに集中し、継続して何年も関心を持ち続けて行動している」という事実なのである。

つまり、将来「こうなりたい」という目標を定めたら、ブレずに長期間にわたって目標への努力を行動として実践できることだ。

一方で、途中で挫折する人は、一貫性がなく、関心があちらこちらへ向いてしまうことが多い。こういう人は新しいことにすぐ関心を奪われがちで、たとえ才能があったとしても大きな成功には結びつかないのだ。

だから、まずは将来の大きな目的をしっかり見定めることだ。これを「方向目標」と呼ぶが、そのうえでどんな成果を達成したいかという「成果目標」を決める。そうして何をするべきかを検討して、短期的な「プロセス目標」を決めていくのである。

ただ、成果やプロセスの目標が正しくとも、方向を間違うと逆効果となる。その意味で3つの目標の掛け算が成果となるのだ。

成功するのに必要なのは「才能」ではない。
長期間にわたってひとつのことに
一貫した関心と目的意識を持ち続ける「行動」である。

「ダニング=クルーガー効果」を意識することが、目標達成への近道

今の自分が持つ本来の能力や、物事に対する適応能力のレベルなどを客観的かつ正確に判断するのはなかなか難しいものだ。ましてや、他人に評価してもらうとなると視点や考え方が違ったりして、さらに困難になる。

人によっては、さして実力もないのに「自分はできる」と勝手に思い込んでいたり、逆に本当は能力があるにもかかわらず、それに気づいていないケースも少なくない。どちらにも言えることだが、自分の実力を正確につかめないまま勉強を続けるということは、ロスが多いし、少なくとも効率的ではないはずだ。

そこで注目したいのは、「ダニング=クルーガー効果」だ。

この認知バイアスのひとつである心理現象は、能力の低い人ほど自己評価を過大にしがちで、自分は「平均以上」だと思い込む傾向がある。逆に、能力が高い

人ほど自己評価が控えめで過小になる。

いずれにしても、自分の能力や知識に対する正確な評価ができないことが大きな原因で、誰にでもあり得る心理現象ではある。では、このダニング＝クルーガー効果を自分の勉強に活かすにはどうすればいいだろうか。

まず実行に移したいのは、ミニテストを自身に課したり、今まで学習した内容を関連づけて図にしたりして、「知らないこと」を知らないこととして正確に把握することだ。

また、同じ内容でも複数の視点から学ぶことが大切だ。ポイントは「自分がわかった」分野でも再度、別の視点からも学び続けることだ。これを繰り返すことで意外な知識の〝穴〟が見つかったり、「知ったかぶりをして」前に進んでいたことも発見できる。


「自分がわかった」分野でも、別の視点からも学び続けると見逃しを防げる。自分は「未熟かもしれない」という意識を持ち続けることが大切。

Column 1

自分を戦術的にコントロールできる「監督」になる

プロスポーツではよく「戦略なくして勝利なし」といわれるが、それは勉強でも同じである。

シーズンの優勝に向かって全員が練習に打ち込むのはもちろんだが、どのタイミングでどの選手を投入し、前半をどう乗り切り、1年を戦い抜くか。そんなトータルな戦略がプロのスポーツの世界だ。

同じように、勉強もただがむしゃらにがんばるだけでは効率的ではない。やはり、まずはゴールまでのスケジュールを立て、いつ、どのタイミングで何をすべきかを練っておく。そして、その戦略に沿って行動することが大切なのだ。

自分がよりやる気になれる勉強方法を選んで、それを最も効率のいい時期に合わせて投入していくというやり方も必要だ。

もちろん、最初に立てた戦略どおりに進まなくなり、途中で変更を余儀なくされることもあるだろう。そんなときは、いつでも作戦の練り直しをして、より確実に目標を達成できるようにすればいい。

ただひたすらがんばるよりも、自分自身がプレイヤーであるとともに自分を戦術的にコントロールできる〝監督〟にもなることが、ゴールに近づく確実な方法なのだ。

Step2

時間管理

限られた時間の
正しい使い方

勉強を忘れて遊びまくる「終日フリータイム」の効用

夏休み前の終業式の日、「毎日決まった時間に決まった分の宿題をして、規則正しい生活をするように」と先生から言い渡されたことはなかっただろうか。

しかし、どんなにきちんとした人でも毎日同じ時間に同じだけ勉強を続けていると1週間もすれば飽きてくる。最初は意欲的に取り組んでいたことも、ずっと続けていると刺激を感じなくなってしまうからだ。

同じ刺激を受け続けていると、しだいにその刺激に反応しなくなる現象を心理学では「馴化《じゅんか》」と呼んでいるが、この現象が起こるのは何も人間に限ったことではない。すべての動物が同じ刺激には鈍感になっていくのだ。

勉強では、とくに深く考え込まなくてもいい計算や暗記でこの馴化が起こりやすく、さらに機械的な作業は「心的飽和」にも陥りやすい。心的飽和とは、つまり飽きてしまった状態である。

勉強に刺激がなくなって慣れたり飽きたりしてしまうと、脳が活発に働かなくなるので当然勉強の効率は悪くなる。

そうならないためにも、週に一度は勉強の習慣を断ち切ってしまいたい。そのためには、週に丸1日、まったく勉強しない日をつくるのだ。

食べすぎで疲れた胃と同じように、ずっと知識を詰め込まれたままでは脳もどんどん疲れてくる。そこでしっかりと脳を休ませることが、本来の機能を回復させることにもつながるのだ。

しかも、休んでいる間に今までの記憶が脳の「デフォルトモードネットワーク」の働きで整理されるので、勉強への意欲だけでなく記憶力も高めることができる。週に一度の休みは一石二鳥の習慣なのである。

週に一度、まったく勉強しない日をつくるべし。
多様な脳機能がリスタートして活性化し、
勉強へのモチベーションが保てる。

「過剰行動」を減らして「不足行動」に“報酬”を与えると勉強時間が増える！

勉強しなければいけないとわかっているのに集中できない。ついSNSやゲームの誘惑に負けて脱線してしまう…。そんな自分をダメな人間だと決めつけていないだろうか。

当たり前だが、これは人間性の問題などではない。行動パターンを変えるだけで、意外とすんなり改善できるのだ。

行動科学には「不足行動」と「過剰行動」という言葉がある。

不足行動とは、望む結果を得るためにもっと増やしたほうがいい行動であり、過剰行動はその逆で、減らすべき行動のことだ。

たとえば「しっかり仕事で成果を出したい」という目標のために、「勉強を毎日2時間する」のは不足行動で、一方、それを妨げる「SNSやゲームを夕食後にする」のは過剰行動である。

過剰行動は、やらずにはいられない好きなことであることが多い。だとすれば、これを不足行動のご褒美として設定すればいいのである。

具体的には「この課題をクリアしたら、SNSをチェックしよう」とか「テキストを1冊読み終えたら、30分ゲームをしよう」といった感じである。

コツは必ず2つの行動をセットにして考えること。この習慣で行動をパターン化することで、すんなり不足行動に取り組めるようになるのだ。

ただし、すぐに効果が実感しにくい不足行動は、モチベーションを維持しにくい。ご褒美というと子どもだましに聞こえるかもしれないが、それを加えるだけで効果が上がる可能性があるならトライしてみる価値は十分あるだろう。

勉強の妨げになるものは〝ご褒美〟に設定する。
不足行動＋過剰行動の合わせ技でモチベアップに。

キッカケづくりに効果大！
「5分間だけ勉強法」

どんな人にも「今日はサッパリやる気が出ない」という日は必ずあるものだ。それでも、仕事ならサボろうとしたところで職場の同僚や上司の眼もあるし、責任感に突き動かされて「よしやるか」と重い腰を上げるだろうが、プライベートな学習だとここまでは気合いが入らないだろう。

「明日やればいいや」などとやり過ごし、それが積み重なっていつしか挫折してしまうのがオチだ。

「たしかに自分には意志の弱いところがある」という人のために、やる気が出ないときのとっておきの勉強法を伝授しよう。それは「5分間だけ勉強法」である。

これは読んで字のごとく、やる気のないときに5分間だけ勉強するという方法だが、なぜ5分なのかというと、それには理由がある。

ビジネスでは細切れ時間をいかに有効活用できるかがその人の仕事の能力を決めるといってもいい。ドラッカーが「タイムマネジメント」を強調したように、時間だけは誰にも平等な〝資産〟だからだ。だとすると、学習の時間は、細切れ時間をどう使うかが要となってくる。

電車の待ち時間、職場での休み時間、コピーを取っている待ち時間、そんな細切れ時間に5分単位でできる勉強の〝しかけ〟を計画しておくのだ。

実際、どんなに気分が乗らなくても「5分だけ」だと限定すればがんばれるものである。その時間にテキストを読んだり、単語カードで英単語などを覚えたりしてもいいだろう。

時間が短いので気楽にできるだけでなく、知識の吸収という意味では、「分散学習」と呼ばれる効果的な学び方にも通じるのだ。

細切れ時間を活用して「分散学習」をしよう。気分が乗らないときは、5分と決めて勉強する。

「分散学習法」で時間管理をすれば生産性が飛躍的にアップする！

今やすっかり定着したリモートワークは、通勤の負担がないのが大きなメリットだが、一方で自己管理が難しく、自分ひとりでは集中力が続かないという声もよく聞こえてくる。

仕事でも勉強でも、気が乗らない場合はいったん手を止めてみるという選択肢はあるが、内容によっては一気にやってしまいたいときもある。

特に暗記のように頭に詰め込まなくてはならないような作業は、中断することで、それまでの時間が無駄になってしまいそうな不安もあるだろう。

だが結論からいうと、勢いで積み重ねたものは本当の意味では身につかない。試験前の一夜漬けで覚えたものは、あっという間に忘れてしまうのと同じで、切羽詰まった状態では記憶効率も下がってしまうのだ。

こんな非効率を防ぐ手段のひとつとして、「分散学習法」を活用する時間管理法がある。やり方は簡単で、まず、やるべきことに優先順位をつけてリストアップする。あとはタイマーをセットして、ひとつのタスクを25分以内に達成するようにこなすだけだ。ただし、この間だけは電話が鳴ろうがメールが来ようが、決めたタスクに集中すること。

そして大事なのは、25分やったら必ず5分の休憩をはさむことである。ただし、その5分の休憩時間にはゲームなどせず、身体を動かすことが重要だ。

休憩をとることでリラックスできるのはもちろん、脳内にたんぱく質が生産され、これが神経の伝達をスムースにしてくれるのだ。

時間のかかりそうなものは細かく分けるようにし、すぐ終わるものはいくつかまとめてもいい。これだけの作業で生産性がアップすること間違いなしである。

勢いだけで勉強を続けるのは非効率。25分集中＋5分休憩のサイクルを身につけよう。

「空白のあるスケジューリング」が重要な理由

オンでもオフでも隙間なくスケジュールを入れようというのは、忙しい現代人の悪いクセだ。

そのほうが時間のムダ遣いにならないというのが理由だろうが、分刻みの完璧なスケジュールがかえって非効率な事態を招くこともある。

いうまでもなく、毎日時間割が決まっている学生と異なり、社会人のスケジュールは自分の思い通りにはならないからだ。

今日は早く帰って勉強しようと決めた日でも、急きょ取引先に呼び出されるかもしれないし、社内で起きたトラブルの対応に駆り出されるかもしれない。

こういうケースでは、スケジュールを完璧に立てている人ほど、予定がくるったとたんにやる気を失う傾向が強い。わずか1時間遅れの帰宅でも「もう今日はいいや」と投げ出してしまうのだ。この時点で、もはや最初に立てたスケジュールはまったく意味をなさない。

そうならないためにも、スケジュールにはできるだけ空白の時間をつくってタイムマネジメントすることだ。

といっても、あまり不確定な時間が多くても逆にやりくりが難しいので、目安としては1日に1～2時間が適当だろう。

そうすれば突発的な事態にも対応できるし、時間が余れば予定を繰り上げるだけで何も問題はない。

すでに予定がびっしり詰まっているところに無理に時間をつくるよりもよほど簡単な方法なのだ。

完璧なスケジュールはかえって非効率になる。空白の時間をもうけるタイムマネジメントをマスターしよう。

予定がくるっても焦らない「時間修正力」を身につける!

日本を訪れる多くの外国人が驚くことのひとつに、列車の運行時刻の正確さが挙げられる。それもそのはずで、日本の時刻表は秒刻みで作られている。

しかし、それだけにひとたび遅れが出るとその調整作業は大変だ。とくに朝のラッシュ時など発着本数が過密な時間帯は、こまめな修正を繰り返してどうにか帳尻を合わせている。

この修正という作業は、一般的なスケジュール管理でも大きな意味を持つ。勉強のスケジュールに遅れが出るケースは日常的にあるからだ。

そこで問題になるのが、修正のしかたである。

たとえば、1週間で学ぶ範囲を設定してスケジュールを決めたとする。ところが、予期せぬ仕事や用事が舞い込んできて水曜日の時点で丸々2日分も遅れてしまった。こうなると、ふつうの人は「日曜で終わるはずだったのに火曜までかかるな」とマイナスの思考回路に陥り、時間配分へのモチベーションが下がってしまい意欲まで失ってしまうのだ。

こんなときは、遅れた時点ですぐに目標を修正するのが得策だ。といっても、無理に2日分の遅れを取り戻そうとするのではなく、本来のリミットはそのままに、どこまでできるのか現実的な範囲を決めて、「プロセス目標」（行動に焦点を当てた目標）の時間配分を逆算すればいいのである。

こうすればしっかり達成感も味わえるし、残りのぶんは日曜日にまた設定する次の目標に含めればいい。とにかく継続するためには、遅れが出たことで失われる意欲をいかにして復活させるかが大事なのである。

遅れが出たら何より意欲を失わないことが大切。「プロセス目標」の時間配分を修正して、リミットはそのままにする。

「締め切り効果」で120％の力が発揮できる

何をやるにしても「お尻に火がつかないと動かない」という悪い癖は今すぐにでも改善すべきだが、じつはこのタイプの人が恩恵を受けている注目すべき心理的効果がある。それは「締め切り効果」（デッドライン効果）だ。

締め切り効果とは、締め切り直前になると俄然集中力が発揮されることを意味する。試験やスポーツの試合などで「ラスト10分！」という声がかかると一段と力が入るのもこの効果によるものだし、いわゆる一夜漬けなどもこれに近い。

言い方を変えれば、人間は締め切りを設定することで「間に合わせよう」という緊張感が働いて効率がよくなるといえる。こんな便利な心理は利用しない手はないだろう。

そこで提案したいのが、すべての事案の締め切り化だ。たとえば休日に、今週やることをすべてリストアップする。次にすべての項目に締め切りをもうけて手帳に書き込む。そして、毎日手帳を見て締め切りを確認することを習慣づけるのである。

コツは、仕事も勉強もプライベートの用事もすべてまぜこぜにして記入することだ。そうすれば、「19時にはデートがあるからそれまでに何とかしよう」という心理的報酬の効果も期待できる。

勉強にしても1項目ごとに締め切り意識を持てば、モチベーションが上がってわずかなすき間時間でも学ぶ姿勢を持てるようになる。

とりわけ多忙で、時間がないことを言い訳にしてしまうようなタイプには効果てきめんだ。たったこれだけの工夫で、貴重な時間もより効率的に使えるようになるだろう。

自らにプレッシャーをかける「締め切り効果」を利用して、時間の効率化を目指そう。

チリも積もれば必ず力になる！「あと少しの積み重ね」

何かを極めようと高い目標を置いてそれを目指した人が、引き際によく使うのが「限界」という言葉である。

スポーツ選手しかり、芸能人しかり、あるいは大恋愛の末に結ばれたカップルなども、お互いに嫌気がさして「もう限界」といって別れたりする。

しかし、スポーツ選手の体力的な限界ならともかく、精神的な限界とはあいまいなものだ。誰かが「もうムリ」とさじを投げるレベルでも、第三者にとっては「まだまだ」と思えることは少なくない。つまるところ、精神的な限界は自分の心しだいということになる。

では、できるだけその限界点を遠ざけるにはどうしたらよいか。

最も簡単で効果的なのは、限界を感じたら「あと少し」だけがんばってみることだ。

たとえば「今日はもう疲れてこれ以上問題を解くのは無理。限界だ！」と思ったら、そこからあと少しだけ続けてみる。

それがあと1ページなのか、あと10分なのかは人によって個人差があるが、このラストの「あと少し」の積み重ねは時間として貴重なのはもちろんのこと、モチベーションを高めるのに絶大な効果を発揮してくれる。限界より先の世界へ進めたことが、大きな自信にもつながるのだ。

先に挙げた恋愛とは異なり、学びは自分の意志だけの問題なのでこのしかけが効果的に機能する。毎日繰り返せば、短時間でモチベーションを上げる力があっという間に身につくので、性格的にも粘り強い人間になれるのである。

精神的な限界は自分で遠ざけることができる。限界を感じてからあと少し続ければ、モチベーションがアップする！

勉強のやめどきに迷ったときの「タイミングの法則」

終業時間になったが、やりかけている仕事がもう少しで終わる…。こんなときは「キリのいいところまでやってしまおう」となる人は多いだろう。

たしかに、あと少しで終わりというところで放置して、明日に持ち越すというのは心理的にもスッキリしない。仕事の現場ではこれは賢い選択だろう。

ところが、学習においては必ずしもそうとは言い切れないこともある。「ツアイガルニック効果」といわれるが、キリの悪いところで終えることで、よい効果をもたらすこともあるのだ。

たとえば、難しい問題を解いていて行き詰まったとする。もう少しで解けそうなのに、最後の手がかりが見つけられない。

そんなとき、友人から電話がかかってきて食事に誘われてしまった。2〜3時間して自宅に戻ってふと問題に取りかかったら、急にひらめいてきてあっさり答えを導き出すことができた——。

よく「なくした物は、捜すのをやめるとひょっこり見つかる」などというのも同じ理由による。

難題を解くとき、あるいは仕事でアイデアを出すときなどもそうだが、途中で止めると未完の状態なので完成したい欲求が持続するのだ。

キリの悪さを利用して学習効果を高めるこのツアイガルニック効果の利用は、仕事をしながら学ぶ忙しい社会人にうってつけである。

勉強、仕事、プライベートとうまくスイッチを切り替えながら、賢く時間をやりくりするようにしたい。

あえてキリの悪いところで終わらせると、未完成のものを完成させたい欲求が持続され、学習効果が高まる。

月曜の朝からエンジンを全開にできる「ゴールデンリズム」のつくり方

出張や旅行で海外に行くと、避けて通れないのが時差ボケである。

一般には、時差の数字とその調整に必要な日数は比例するともいわれており、時差が大きければ大きいほど正常な感覚に戻るのにはそれなりの日数が必要ということになる。

ところで、こうした時間のズレがもたらす弊害は、じつは日常生活にもよく似た例がある。

ふだん仕事が忙しい人は、休日ともなれば昼までたっぷり寝て、さらに遅くまで夜更かしをするという人も多いだろう。

そうなれば月曜はまた眠い目をこすりながら会社へ出勤…という生活パターンに陥ることになるが、これはタイムマネジメントとしてはけっして褒められたものではない。

出勤日と休日で生活リズムが狂うと、どうしても体調に時差ボケのような状態が起こる。なかには意識することなく自動修正できる人もいるが、「休日の翌日は何となく頭も体も重い」という人はそれができていない証拠だ。これでは、仕事はもちろん勉強にも身が入らず時間効率は悪くなってしまう。

これを防ぐには、あえてオンとオフで生活リズムを変えない過ごし方をするに限る。オフでもいつも起きる時間に起床し、いつも寝る時間に就寝する。そうすることによって、休日のたびに発生する時間のズレを修正する時間も労力も不要になるので、毎日ムダなく調子のいい状態で過ごすことができるのだ。

とりわけ年齢を重ねると、このオンとオフを区別しない過ごし方が体力的にもしっくりくるようになる。若いうちから慣れておけば、なおいいだろう。

休日の朝寝坊と夜更かしで、時差ボケと同じ状態に。オンとオフを区別しない時間管理が、勉強の効率をアップさせる！

毎日、同じ時間に同じ場所で決まったことを「3週間続ける」

海外旅行をすると、もっと英語を話せればよかったと痛感する人は多い。帰国するや書店に駆け込んで英語のテキストを買い込んだりするが、いざ日常生活に戻ると勉強への意欲も減退してしまうというパターンも少なくない。

だが、そんなやる気の波にまかせて三日坊主を繰り返していては何も身につかない。そこで、やり始めた勉強を継続するためにはとにかく判で押したように決まった行動を続けていくことだ。

どんなに三日坊主を自認している人でも、朝や寝る前に歯磨きをしたり、会社の始業時間に合わせて毎日同じ電車に乗るということは実行している。

それは、その行動がすでに自分の「無意識層」に定着して、毎日続けることが当たり前になっているからだ。それと同じように勉強をするんだという切羽詰まった気持ちではなく、ラジオ体操をするぐらいの感覚で、生活の一部に組み込んでしまうことで続けることができるようになるのである。

たとえば、朝起きて顔を洗ったらテキストを必ず1ページだけ音読するとか、お風呂に入る前に10分間だけ問題を解くなど毎日のルールを決める。そして、決めたらとにかく3週間、何があっても例外なく続けるのだ。

3日、3カ月、3年などと、人が物事を継続するうえで「3」というのはちょうどいい区切りになる。どんなに小さなタスクでも、始めてから2週間くらいになると苦痛に感じることがあるかもしれないが、そこをグッとこらえて3週間続けることができれば無意識層に定着させることができるのだ。

こうしてうまく勉強を軌道に乗せることができれば、苦もなく小さな達成感を積み重ねながら大きな目標をクリアできるようになるだろう。


毎日同じ時間や場所で勉強することを「生活習慣」にする。3週間続けられれば、3カ月続けられる。

Column 2

完璧を目指さないで手直しすることが重要だ

家を建てるときには、まず綿密な設計図が作られる。これがあるからこそ基礎工事に必要なセメントの量や柱の本数がわかり、実際の建設に取りかかることができるのだ。

これを勉強にたとえるなら設計図は「目標」で、材料はそれを達成するための「手段」になるだろう。何かをやり遂げようと思ったらまず目標を決めて、そのために必要なものをきちんと準備しておきたい。

ただ、そうはいっても忙しい毎日のなかですべてを計画どおりに進めていくのは簡単なことではない。いくら時間を捻出しようとしても、どうしてもできないこともあるだろう。

そんなときには、状況に応じて計画を手直ししてみることも必要だ。自分で決めた目標は少しの手抜きも許されない建物の設計図とは違い、いつでも変更することができる。きついと思うなら、無理のないように変えていけばいいのである。

そうして完成したものは、もしかすると最初に描いた設計図とは少し違うものになっているかもしれないが、それでもやり遂げた達成感は何物にも替えがたい。

大人が何かにチャレンジするときは、あえて完璧主義を目指さないほうがうまくいくこともあるのだ。

Step3

記憶と集中

密度の濃い勉強の
核心にあるもの

繰り返し勉強するなら利用したい「記憶のレミニセンス」

記憶力がフルに必要になる勉強といえば、やはり語学だろう。外国語を身につけようと思ったら、何はともあれ単語の発音と意味をひたすら暗記していかなければ話にならない。

だが悲しいかな、暗記力は10代をピークにどんどん衰えていくばかりだ。受験生の頃はあんなに覚えられたのに…と嘆いている人も多いだろう。

そんな人には、「記憶のレミニセンス」を知っておいてほしい。

記憶のレミニセンスとは、「勉強の直後よりも、一定の時間を置いてからのほうが覚えたことを思い出しやすい」という心理学用語なのだが、じつは記憶の定着にはこの〝一定時間〟が大きな役割を果たしているのだ。

学習心理学では「集中学習」といわれるが、何時間も連続で同じ内容を学習しても効果はない。

たとえば、英単語の暗記テストをすると、1時間集中して学習するよりも途中で休み時間を入れて、20分ずつ3回に分けて学習させるほうがテスト結果がよいことが実証されている。

一定の時間というのは、だいたい半日から1日くらいの「忘れかけた頃」を目安にすればいいだろう。これが「分散学習」とよばれる方法だ。

記憶の忘却を表した「エビングハウスの忘却曲線」は有名だが、忘れかけた頃にもう一度復習すると、前に覚えたことが意外と頭に残っていることに気づくはずだ。

そこに、さらに2度目のインプットをすれば、しっかりと記憶に定着させることができるのだ。

あせって詰め込むだけでは効率的な暗記にならない。
復習するなら一定の時間を空けて、
忘れかけた頃に数回やろう！

「書きながら説明する」とみるみる記憶が定着するワケ

高校時代の数学や歴史、物理などの授業を思い出してほしい。

先生は板書をしながら、生徒が覚えるのに四苦八苦するような公式や年表、法則などをスラスラと簡単に説明していく。

そんなの教師なのだから当たり前だと思うかもしれないが、じつはここに暗記の大きなヒントがある。それは、「書きながら説明する」ということだ。

人に説明しようとするときは、まず準備をしなければならない。相手に興味を起こさせるための導入部をどのような話題にするか、そうした他者の「視点」を踏まえてメインの部分をいかにわかりやすく説明し、まとめればいいか…。

頭をフル回転させて必死で考え、知識を自分のものにしようとするのだから、当然その記憶力は単なる丸暗記の比ではない。さらに、口で説明しながら黒板に書いていくのだから、それだけで記憶したことがどんどん定着していく。教師はこの繰り返しで専門的な知識をより深めていくのだ。

そこで、どうしても覚えておかなければならないことがあるなら、このやり方にならえばいい。会社の同僚や家族などに自分が学んだばかりの知識を説明するのだ。このとき、大きな紙やホワイトボードなども用意しておこう。

相手と気心の知れた間柄ならそれほど緊張せずに説明できるし、説明不足の部分ははっきりと指摘してもらえる。

さらに、わからないと言われたところは自分が消化できていない部分なので、その指摘にしたがってもう一度勉強し直せばさらに知識を深めて定着させることができる。ひとりで黙々と勉強しているよりも、他者の視点が説明するなかで意識化されて「メタ認知」が働くため間違いなく効果的に学ぶことができるのだ。

書きながら人に説明すると効果的に学習できる。身近な人を巻き込んで、「暗記力」を高めよう。

「身体のあらゆる感覚」を使った暗記法とは？

小学生の頃に、宮沢賢治の「雨ニモマケズ」を暗唱したという人は少なくないのではないだろうか。それから何十年も経っているのに、記憶をたどっていくとけっこう覚えているものである。

これは、じつは音読の身体を使った学び方で、繰り返し表現したことが記憶の定着につながっている。

記憶力を高めるのには、声を出して読む音読が効果的なのである。

ご存じのように、人間には視覚、聴覚、嗅覚、味覚、触覚という五感がある。この感覚が刺激されればされるほど脳の働きが活発になるのだが、黙読では文字を目で追うだけなので視覚しか刺激されない。

だが、音読なら文字を目で追うことで視覚が刺激され、声に出して読むことでそれを聞いている聴覚にも刺激を与えることができる。

さらに五感ではないが、口を動かしているので表情筋や舌などいろいろな筋肉を刺激し、その感覚はしっかりと脳に伝わっている。このようにさまざまな感覚を同時に動かせば、記憶力が増していくのだ。

より正確にいえば、記憶をしていることを想い出す「想起」をするときのルートが増えるため、忘れかけても手を動かしたりすると漢字が自然に書けるようなことができるのだ。

さらに、もっとこれらの感覚を活用したいなら、座ったままより歩きながら音読するという方法もある。俳優になったつもりで身体を大きく動かしながら音読すれば、堅苦しい勉強も楽しくなるだろう。

暗記したい文章は声に出して読む。
俳優がセリフを覚えるように、
全身を動かしながら音読すると効果大。

大人の記憶術のカギは「知識よりも経験」

学生のときは一夜漬けの丸暗記が得意だったという人でも、大人になってからチャレンジしてみると以前のように記憶に残らなくなってしまうものだ。

とくに、専門外の分野になると、頭に叩き込んだ先から蒸発するように消えてしまうことも多い。そんなとき「やっぱり年のせいか…」などとこぼしたくもなるが、じつは残念ながらそのとおりで、丸暗記の能力は中学生くらいをピークにそれ以降は徐々に劣っていくのだ。

ところが、覚えられないからといって物覚えそのものが悪くなっていくわけではない。人は成長するにしたがって、記憶の構造が変化していくのだ。

若い頃の記憶は「意味記憶」といって、教科書に出てくる単語や文章をそのまま知識として覚えることができるようになっている。だが、年齢を重ねると意味記憶よりも「エピソード記憶」が上回ってくるようになる。つまり、自分が経験したこと（エピソード）と関連することならどんどん記憶することができるのだ。

しかも、エピソード記憶のほうが記憶のシステムとしては感情と結びついており、一度記憶すればかなりの確率で定着させることができる。大人になってから勉強するなら、単語帳などを使った丸暗記はあまり効果がない。それよりも、自分が今までに経験したことと重ね合わせて覚えたほうが効率がいいのだ。

ちなみに、まったくはじめての分野の勉強で、今までの経験と関連することがない場合は、覚えたことを何度もノートに書き出す「外化」を繰り返すといい。

外化とは言語表現や絵、イメージ化によって思考を外に出すことで、「あのとき、あのノートにこう書いた」という経験に結びつければ、記憶を引き出すことができるようになるのだ。

丸暗記は学生のうちだけできる特権。大人になったら経験と重ね合わせて覚えると記憶が定着する。

記憶の定着を阻む「心配＝不安」の心理とは？

世の中にはあっけらかんとした楽観的な性格の人がいれば、それとは対照的に何でもかんでも不安でしかたがない心配性の人もいる。

人生において得をするのは、やはり明るい雰囲気を振りまいている楽観的な人のほうだ。これはポジティブ心理学会（米国）でも実証されており、心配性の人はどうしても自分を取り巻いている負のオーラで人間関係などを狭めてしまうのだ。

しかも、勉強においても心配性の人は損をしていることを知っているだろうか。

人間のさまざまな感情の中で、「心配」というのは不快な感情にあてはまる。人は不快な感情を持ち続けながら生きていくのに苦痛を感じるので、「不快な体験と結びついたことは忘れやすい」ようにできているのだ。

たとえば資格取得に向けて勉強しながら、「もし、受からなかったらどうしよう…」とか「落ちたら仕事で評価されないし、それがきっかけで人生までうまくいかなくなるかも…」などと心配事が尽きないようなら、勉強したことそのものが不快な体験になってしまう。

そうなると、「気分一致効果」が働くために記憶が心配の感情と一体化する。その結果、せっかく覚えた知識まで忘れやすくなるのだ。

だから心配性の人は、まずは楽しく勉強できるように工夫したい。試験に合格して幸せな気持ちになっている自分を強くイメージしたり、合格した自分へのご褒美を決めておいてその写真を机に貼っておくなどするといい。

せっかくの努力をムダにしないためには、常に快活であるように気分を自己管理したいものだ。

心配事があると不安感情と記憶力が結びつき、その記憶を忘れようとしてしまうので、いつも快適で楽しい気分で勉強できる環境を整える。

歌って覚えれば効果倍増！「メロディー暗記術」

「鳴くよ（794年）ウグイス平安京」や「人の世むなし（1467年）応仁の乱」など、歴史の年号を語呂合わせで覚えるのが定番になっているのは、やはりそれが覚えやすいからだ。

ただ、たくさんの年号や単語などを一度に覚えようとすると、語呂とその前後の言葉を覚えるだけでけっこうな時間を使ってしまう。

そんなときにおすすめなのが、歌にのせて物語的にイメージ化をして丸暗記してしまうという方法だ。自分がよく知っている曲で、暗記したい単語や用語をオリジナルの替え歌にして1曲丸ごと暗記してしまうのだ。

じつは、メロディーが記憶を定着させる役割を果たすことについては、さまざまな実験結果からも裏づけられている。

新しい歌はなかなか覚えられないのに、小中学生のときに流行っていた曲なら歌詞を見なくても歌えると多くの人が口をそろえるのも、メロディーとその物語的イメージを結びつけて記憶しているからにほかならない。

語呂合わせに使う曲は、できるだけ簡単に歌えるものがいい。「どんぐりころころ」や「ぞうさん」などの童謡はもちろん、いつも口ずさみたくなるお気に入りの曲を選んでみよう。

そして、替え歌をつくったら本来の歌詞を忘れてしまうほど何度も繰り返し歌うのだ。そらんじて歌えるようになるまで歌い込めば、情緒的な記憶となってしっかりと刻み込まれる。

英語や数学、化学でも学習の基礎は暗記にある。歌って覚えて、勉強を楽しんでほしい。

記憶を定着させたいなら、メロディーと一緒に物語的なイメージで覚えるのがベスト。お気に入りの1曲を自作しよう。

記憶力アップのコツは「勉強に没頭する」こと

同じ料金を払って映画を観ても、強烈に記憶に残る作品と不思議なくらい記憶に残らない作品がある。

この違いは、じつは心理的な没頭度に関係している。つまり、自分を忘れるくらい没頭しながら観た作品は強く記憶に残り、逆にそうでなかった作品はどんどん記憶が薄れていってしまうのだ。

同じように、勉強しているときに没頭していると集中力が増して、新しい知識がいつまでも記憶に残ることが実証されている。とくに、米国のポジティブ心理学者のチクセントミハイは「フロー」という言葉でこの没頭感を重視している。

俗に〝マニア〟といわれる人たちがやたらと物事の細部に詳しかったりするのも、やはりそこにフローがあるからだ。

つまり、この心理的なフロー感をうまく利用すれば、勉強の効果を上げることができるということだ。とはいっても、苦手な分野の勉強で気分をのせたり、興奮状態にもっていくのは簡単なことではない。

そこで、勉強を始める前にしっかりと太陽の光を浴びたり、面白いことがなくても鏡に向かって笑顔をつくる「お笑い体操」を3分しただけで「セロトニン」が活発になり、ほどよいフロー感をもたらすことができる。

セロトニンはうつ病にも関連していることから〝幸せ物質〟ともいわれ、その原料は「トリプトファン」という必須アミノ酸とビタミンB6だ。これは青魚や大豆類などに含まれるので、意識して食べるようにしたい。

効率よく勉強するためには、このような身体のメカニズムもうまく利用しよう。

没頭感（フロー）をうまく利用すれば、記憶力がアップして効率よく勉強できる！

脳の仕組みを上手に使った「朝学習」の方法とは?

朝のうちに勉強すると効率がいいとはよくいわれていることだが、そうはいっても朝早く起きたところで頭がボーッとして冴えず、勉強どころではないと反論したくなる人もいるだろう。

だが、起きてすぐに頭が働かないというのは、いくら寝ても寝足りなかった学生の頃のイメージではないだろうか。学生時代は予定がなければ1日中寝ていたという人も、忙しい社会人になってからは限られた睡眠時間でもきちんと起きられるようになっているはずだ。

試しに、いつもより1時間早く起きて新聞を読んでみると、目覚めてからものの10分もすればシャキッと頭が冴えてくるのがわかるだろう。

これは、起きたての知的能力が活発に動いているからだ。睡眠から目覚めた脳は、しっかりと休息をとってリフレッシュしている。前日の疲れがとれているので、気持ちが前向きになっていて集中力も高まっている。まさに、勉強するのに最適な状態になっているのだ。

また、朝一番で勉強すると記憶の負の「干渉効果」も最小にできる。

これは、「最初に学習したことは先に記憶したことに邪魔されずによく想起できる」という心理効果なのだが、朝でなくても最初に記憶したことのほうが覚えやすいのだから、朝一番となればその効果はさらにアップするはずだ。「これだけは絶対に覚えておきたい」という重要なところは、起きたら真っ先に取り掛かってほしい。

朝の学習効果をもたらす要因がこれだけあるのだから、自分には早起きはムリだと決めつけず、さっそく明日から試してみてはどうだろうか。

記憶力が最も発揮される朝に勉強しないのは、明らかに時間のムダ遣い。まずは早起きしてその効果を実感してみよう。

たった5分で効果アリ！
1日の終わりの「睡眠前記憶法」

効率よく勉強するために、まず計画を立てておくのは大切なことだ。「試験の日まであと○日！」と常に残りの日数がわかっていれば、逆算しながら取りこぼしのないように勉強できるからだ。

しかし、それでもしだいに試験の日が迫ってくるとどうしても不安になる。どんどん先に進むよりもむしろ苦手分野を強化したほうがいいのではないだろうか、以前に勉強したところは忘れていないだろうか…などと考えて、つい後戻りをして計画を反故にしてしまったりする。

そうならないためには、その日に勉強したことを記憶に定着させる「寝る前の5分間復習法」を試してほしい。その日に勉強したノートやテキストなどを枕元に置いておき、眠る直前に復習をするのだ。

たとえば、新しい単元を勉強した日ならテキストにざっと目を通す。暗記に集中した日であれば、暗記カードをパラパラとめくりながら目を走らせるのだ。じっくりと読むのではなく、映像としてとらえる程度でいい。

コツは、集中しないこと。寝る前なので、がんばって勉強をしてしまうと寝つきが悪くなってしまうのだ。

寝る前に5分間復習しておくことで記憶の定着がはかれるので、1日の終わりにこれをやっておくだけで、その日に勉強したことの蓄積度が確実に違ってくるのだ。これは記憶の忘却曲線の原理を説いたエビングハウスの研究から知られることだ。

毎日まじめにコツコツと勉強しているのに、どうしても不安で自信が持てないという人は、ぜひ習慣づけてほしい。

記憶の忘却を防ぐために、
1日の終わりには5分間だけ復習すること。

SNSを使った効果的な「公開学習法」とは?

記憶を定着させるのに、人に説明してアウトプットをすることが効果的だということは前述したとおりだが、なかにはどうしてもこの方法が使えないということもあるだろう。

たとえば会社や家族、友人にも秘密にして、こっそりと資格取得を目指している場合などだ。とくに、転職を目的に勉強しているときなどは上司にはもちろん、同僚に知られるのも好ましくない。

そんなときには、SNSなどを活用してアウトプットしてみてはどうだろう。

その日に勉強したことをSNSにアップするのだ。

ネットで公開すれば不特定多数の人の目にさらされることになるので、それを意識して当然文章もていねいで説明調になる。これは、人に話すのと同じくらいのアウトプット効果が期待できる。

しかも、自分で書いた文章はいつでも何度でも読み返すことができるので、情報の再入力効果でますます記憶が強化されるのだ。

ただ、SNSは誰でも閲覧できるため、まだ勉強中の誤った知識を他人に披露してしまうという危険性もあるが、ブログなどであればきちんとトップページに意図を説明しておけば問題ない。

それよりも、自分よりも知識のある人がアクセスしてきて、さらなる知識を教授してくれる可能性があるのもネットならではのメリットだ。

身近にアウトプットする相手がいないという人は、ぜひSNSにそのチャンスを求めてみてはどうだろうか。


アウトプットには不特定多数の人が見るSNSの活用も効果的。勉強を経験した人のアドバイスも期待できる。

思い出せそうで思い出せないときの「周辺情報連想ゲーム」

俗に「思い出せないことを放置するとボケる」などといわれるが、実際に固有名詞などを思い出せないのに諦めたままにしておくと記憶の引き出しはどんどん固く閉じられたままになってしまう。

喉元まで出かかっているのに出てこない状態を英語では「Tip of the tongue（舌先まで出かかっている）」といい、その頭文字をとって心理学では「ＴＯＴ現象」というのだが、これは別に物忘れがひどくなっているというわけではない。単に記憶していることを思い出す「想起」ができない状態なのだ。

ふだんの何気ない会話のなかでこのＴＯＴ現象が起きるだけでモヤモヤした気分になるのに、それが大事なテスト中となるとパニック状態に陥ってしまうことがある。もう少しで答えが出てきそうなので次の問題にも移れず、でも、どうしても出てこないから気持ちばかりが焦ってしまうのだ。

そんなときには思い出そうと頭をひねっているより、問題用紙の空きスペースに思い出せない言葉に関連する情報を連想式にどんどん書き出していくといい。

たとえば、「自尊感情」という言葉を思い出そうとしているのに思い出せないとしよう。そうすると「自分を大切に思う気持ちのこと」とか「自分の評価」、「自虐の反対」、「日本人は低い」などと、手がかりになる言葉を思いつくままに書いていると、どこかで記憶ネットワークにつながることがあるのだ。

一度この方法で思い出すことができれば、次にド忘れしたときにもこのようなキーワードをたどって答えを導き出せるようになる。

「スッキリした！」という快感を味わって脳をどんどん活性化させたい。


思い出せそうで思い出せない単語やキーワードは、周辺情報を書き出して記憶ネットワークを復元させてみよう。

「耳栓」ひとつで気が散る要素を完全シャットアウト！

夜、なかなか寝つけないときにちょっと難しい本を開いてみると、文字を目で追っているだけで睡魔に襲われることがある。さらっと読んですぐに理解できないような難解な本は、眠気を誘う小道具としては最適だ。

しかし、どうしてもその本を読まなければならないときは、この睡魔が最大の敵になるのはいうまでもない。「今日は集中して読むぞ」と意気込んでみても、ものの数ページも読まないうちにウトウトとなる。かろうじて目を開けて行を追ってはみたものの、まったく頭に入ってこなかったとなることもあるだろう。

そんなときに使うと便利なのが耳栓だ。耳栓というと、ふつう周囲の雑音を遮断するために使うものだが、効果はそれだけではない。

試しに、両耳を指で押さえてみてほしい。じっと耳を澄ましていると、自分の体の内部の音がよく聞こえるのがわかるだろう。小さな鼓動や唾を飲み込む音もはっきりと伝わってくる。

さらに声を出してみると、どんなに小さな声でも頭に反響してくっきりと聞こえる。この自分の声を聞いていると意識を集中させることができるのだ。

そこで、集中できずに眠くなってしまうような本を読むときには、耳栓をして音読するといい。ふつうの声よりもささやくような小声で読むと、よく聞こうとするからさらに集中力を高めることができる。これを「ウィスパー効果」という。

読書のときだけでなく、テキストの問題を解いたりするときも、耳栓をして設問を声に出して読むと設問の意味がよくわかるようになる。

耳栓は、一組は用意しておきたい勉強の必須アイテムなのだ。

読書になかなか集中できないときは、耳栓をして音読を。ささやき声で読むと、自分の声に意識が集中する。

最も集中力が高まる「15分間」を120％活かす方法

勉強に集中しようとすればするほど、気が散ってしまうという人がいる。

そんな集中できないと嘆いている人に共通しているのは、「メールの返信をしなきゃ」とか「あの図書館の本、もう返却しないとマズイな…」などの雑念が頭の中を支配してしまっていることだ。

集中力を欠く原因とは、意外と取るに足らない、小さなことだったりするものだ。

そこで、どうしても集中できないという人は、まず気になることは全部片づけてから机に向かうというルールを決めておきたい。

それにはまず、以前から気になっていることや、今日やらなくてはならないことを全部紙に書き出してみることだ。そして、今できることはすぐに片づけてしまうのだ。

すべて片づけられなかったとしても、紙に書き出すことで頭の中を整理できるので、安心していったん忘れることができるようになるのだ。

一時的に忘れるということが意識的にできるようになれば、雑念に振り回されることもなくなる。

もともと人が単純計算などで集中力を最適に持続できるのは、個人差もあるが15分くらいだということがわかっている。この15分間のすべてを目の前にあることに集中できるようになれば、質のいい学習ができるのだ。

遊びの時間や睡眠時間を削って勉強するよりも、まずは15分単位で集中力を高める工夫をしてみよう。


集中できないのは単なる時間のムダ遣い。気になることは全部先にすませておけば、短時間でも質のいい勉強をすることができる。

簡単に〝飽き〟とサヨナラできる「移動学習」とは？

資格を取るために専門学校などに通っているという人は、空いている時間を使ってノートなどにいろいろまとめているのではないだろうか。

この〝まとめノート〟を作るのは学んだ知識を整理するのに最適だが、しばらく続けているとノートを作ること自体が目的になってしまうことがある。

その原因は、同じような作業を続けることによって思考力が落ちて、単純作業化してしまうことにある。こうなると頭よりも手のほうばかりが働いて、せっかくまとめノートを作っても意味がなくなってしまうのだ。

しかし、これはある意味しかたのないことだといえる。なぜなら、人間の脳はもともと飽きっぽくできているからだ。

同じ場所で同じことを続けていると、作業することに没頭して脳は考えることをやめてしまう。これを防止するためには、場所を変えて新鮮な刺激を与えることが必要なのだ。

ちなみに、時代の先端を行くＩＴ関連企業の中には、社内がまるで遊び場のようになっているところもあるが、これもマンネリ化を防いで脳を活性化させるために必要なのである。

思考力が低下してきたと感じたら、まずは場所を変えてみるといい。勉強用の机に飽きたらダイニングテーブル、また飽きたらソファに移動するなどして新鮮な刺激を与えるのだ。

また、いつも自宅で勉強するという人は喫茶店などでしてみると、環境の変化に脳が刺激を受けて活発に働いているのを感じるはずだ。

勉強することが単純作業化されると成果は上がらない。飽きて思考力が低下したら場所を変えてみよう。

「思い込み」にとらわれると、かえって失敗してしまうワケ

勉強をするのにどうしても欠かせないのが集中力である。

しかし、机に向かってある程度集中すれば短時間で終わってしまう勉強も、いざ始めようとすると「今度のボーナスで何を買おう」とか「この前、彼女が行きたがっていた店をインターネットで調べてみよう」とか、とにかく雑念が湧いてきて少しも先に進まないことはよくある。

しかも、「これではいけない。勉強に集中しなくては！」と自分を叱咤すればするほど、よけいに「勉強して資格が取れたら、気分転換にどこか旅行にでも行きたいな」などと、今は考えなくてもいいことをあれこれと思い浮かべてしまったりしないだろうか。

じつは、これは「こうでなければいけない」という思い込みにとらわれたこと

で起きている「とらわれ」という心理状態だ。脳科学でも「マインドワンダリング」として、思い込みにとらわれて迷走してしまう脳の働きと関係する心理だ。

この状態から解放されるには、まずは自分自身がある考えにとらわれていることを自覚しなくてはならない。

このケースでは「勉強に関係のないことを考えてはいけない」という思い込みにとらわれて、かえって関係のないことから気持ちが離れなくなっているのである。

そんなときは、単純なことをするといい。

たとえば時折、雑念が頭をよぎったとしても、その是非（評価）はせずに単純な行動だけにフォーカスするのだ。「ノート写し」のような単純なことを行動としてすると、結果としては勉強が進むのである。

思い込みにとらわれずに単純な学習行動にフォーカスすると、雑念が追い払われて勉強に集中できる。

勉強を制する者は自分に「一番合う環境」を知っている

テレビを見ながら、あるいはラジオや音楽を聴きながら勉強することを「ながら勉強」というが、これは集中力が低下するからやめておいたほうがいいと一般的にはいわれているようだ。

だが、だからといって静かな環境で勉強すればしっかりと集中できるのかといえばそうではない。

たとえば、「さあ、今日は1日集中して勉強するぞ！」と意気込んで図書館に行ってはみたものの、自宅にいるより勉強が手につかなかったという経験はないだろうか。

図書館のようなしんと静まり返った場所では、逆に他人の足音や咳払い、イスを引く音などの小さなノイズに敏感になって、本来やるべきことに意識を集中させるのが難しくなってしまう。つまり、ほどほどにざわついていたりにぎやかなほうが、勉強への集中力を高めることができるのだ。

ただ、誰かの会話が聞こえるとつい話に聞き入ってしまったり、音楽の歌詞が気になってしまうという人にはテレビやラジオはおすすめできない。そんな人は、音楽を聴くならインストゥルメンタルや言葉の意味が理解できない外国の曲などを流しっぱなしにするといいだろう。

また、不特定多数の人の話し声とBGMでざわついているカフェなどでも、不思議なくらい自分の世界に没頭できる人もいる。

人によって快適に感じる「ながら勉強」は異なるので、自分が最も集中できる環境を探してみてほしい。

集中できる環境は人それぞれ。
自分に合った環境を見つければ、
そこに身を置くだけで勉強に集中できるようになる。

暗示的に音楽を流すとリラックスした精神状態を保てる

前項でも取り上げたように、ひと口に勉強法といっても、どういう環境が集中しやすいかは人によってさまざまだ。

たとえば、物音ひとつしない部屋にこもりたい人や、逆に、図書館や自習室など人の気配があったほうがいいという人、また、カフェのように周囲が多少ざわざわしているほうが、かえってはかどるというタイプもけっこう多い。

そこで意外とおすすめなのが、クラシック音楽をＢＧＭに流すことだ。

これはブルガリアのロザノフ医学博士が提唱した「サジェストペディア」という学習法の一環で、暗示的に音楽を流すことで不安や緊張が取り除かれ、リラックスした精神状態を保てるという。

同じ音楽でも、歌詞があるとつい聞き入ってしまうし、ノリがよすぎると集中がそがれてしまう。その点、クラシック音楽は歌詞もなく、感情移入して心が乱れる心配もない。

もちろん選曲は自由だが、男性には交響曲、女性にはピアノ曲が脳の波長に合うともいわれている。ひたすら心地良く楽器を響かせる作品を選べば、作業用のBGMにはうってつけなのだ。

ちなみに、ロザノフ博士が試したのは、バッハやヘンデルに代表されるバロック音楽だったので、何を選べばいいかわからないときは参考にしてもいいだろう。心身がリラックスすると、脳からアルファ波が出てベータエンドルフィンという快楽物質が増える。そのため、作業に没頭できるだけでなく、ひらめきや発想力も高まる。勉強だけでなく、アイデア出しや企画書作成などの作業にも効果がありそうだ。

クラシック音楽をBGMに流すのは、医学博士が提唱した学習法。集中力や発想力アップにも期待できる。

「他人の視線に晒される」と勉強に集中できる理由

最近はネット環境の発達もあって在宅で仕事をする人も多いだろうが、このケースで最も苦慮するのは自己管理だ。

自宅で仕事をする場合、仕事をいつまでにどうやるかは本人しだいである。怠けようと思えば怠けられるし、寝ようと思えばいつまでも寝ていられる。それはズバリ、誰にも見られていないと思うからだ。

じつは、仕事や勉強においてこの「第三者の視線」というのは案外重要なのだ。心理学ではこれを「ホーソン効果」というが、人に見られていると思えば、いやでもがんばれるものなのである。

学生時代、運動会や体育祭となると急に目立つようになる生徒がいたが、そんな人にもこの効果は働いているし、ファミリーレストランなどで学習するとやけにはかどるのもこのせいだ。

誰かが見ていると思えばがんばれるし、どこかでサボれないという心境にもなるのである。そうなると、勉強は自宅以外でも十分可能だし、むしろより集中できるということがいえるのではないだろうか。

たとえば、通勤電車の中や仕事の途中で立ち寄ったカフェなどがそうだ。こうした第三者の視線が多いところで、10分でも15分でもテキストを読み込めれば、意外と頭に入ってくるものである。

もしも、自宅ではいろいろな誘惑に負けてしまうという人がいるなら、この方法を試してみるといい。衆人環視というわけではないが、他人の目がほどよく見張っていてくれるので、思いのほかはかどるだろう。


人の視線を意識すると「ホーソン効果」で行動力が発揮される。他人の目が多い通勤電車や喫茶店での勉強は意外と効果的!

Column 3

好奇心を持ち続ければ記憶力&集中力は衰えない

よく、日本の教育システムは暗記が多くて考える力が育たないなど批判されがちだが、学習の初期段階に単語や文法、公式、用語などの基礎知識をしっかりと身につけておくことはやはり大切だ。

土台のない家は建たないように、基礎がなければいくらがんばって勉強しても知識の断片ばかりを拾い集めるだけで、ひとつのまとまったカタチにはできないからだ。

しかし、大人になってからの勉強では、この初期の段階でつまずいてしまう人はけっこう多い。それは、先述したように年齢とともに記憶の構造が変化して、単純な詰め込み式の暗記が苦手になっているためだ。

だが人間の脳のすごいところは、方法さえ変えればいくつになっても集中力と記憶力を高めることができることにある。しかも、覚えたことを人に教えたり説明してアウトプットすれば、さらに脳が活性化して記憶力が増していく。自分に合った方法を見出せば、楽しんで続けられるのが大人の勉強なのである。

そして、「世の中にはまだまだ自分の知らないことがある」と、いくつになっても好奇心を持ってもっと知りたいと思えることが、記憶力と集中力アップへの近道なのだ。

Step4

モチベーション

科学が導き出す
「やる気」の法則

「原動力になる動機」を設定して勉強を軌道に乗せる

学びたい気持ちはあるが長続きしない――。こんな悩みを持つ人は「自分は頭が悪い」「意欲が足りない」と自己評価をしているかもしれないが、それは間違いだ。

社会人になってからの勉強は「がんばる」という単純な気合だけでは継続できない。適切な「動機づけ」をうまくつくっていくことが大事なのだ。

ところで、この動機だが、主に「外発的動機づけ」と「内発的動機づけ」に分類することが多い。

外発的動機とは「満点を取れば小遣いがもらえる」というような、自分の外側からの働きかけや報酬によってもたらされる動機のこと。それに対して内発的動機はそのこと自体を「楽しい」「達成したい」という動機のことだ。

よく外発的動機は不純な動機などと否定されがちだが、一概にそうとは言い切れない。ときには外発的動機が内発的な「自分の本音」としてやりたいものに変化したり、その逆のケースもある。だが、やはり自発的に学びたくなる内発的動機づけがあったほうが、学ぶ行動が長続きするのは間違いないだろう。

さらに、ここでは行動に結びつく動機を設定するのが理想だ。

たとえば、勉強をする理由が「将来役に立つから」というのは動機としては一般的な表現のひとつだが、結局何をすればいいかがわからないことと同じだ。

しかし、「年収をあと100万円アップさせるために」「2年後までに○○業界に転職するために」といった、もっと絞り込んだ内容の動機であれば、やる気が出て行動に直結しやすくなる。

具体性を持った動機は行動の〝原動力〟に転化しやすいのである。

勉強は軌道に乗るまでが肝心。
行動に直結するような動機を設定して、
学び続ける行動の〝原動力〟を生み出そう。

ほどほどでも満足する「モチベーション・キープ法」

学生時代のテストなら、100点を取りたいと思うのは当たり前である。しかし、社会人になってからの勉強では必ずしも満点を取らなくていい。むしろ、完璧を目指しすぎるとモチベーションが長続きしないのだ。

たとえば、外国語を勉強したのにネイティブスピーカーを前にすると、覚えたはずのフレーズが出てこない、簡単な単語さえ思い出せないという場合がある。

こんなとき、多くの人は語学の才能がないんだと自分を責めてしまいがちだ。すると、勉強しようという意欲まで減退してしまうことになる。

だが、実際には発音が少々おかしかろうと、文法が多少間違っていようと、相手がこちらの言いたいことをわかってくれれば会話は成立するのだ。

最終的な目標は高くしておくとしても、勉強の途中の行動レベルではこの〝ほどほど〟のラインで満足する姿勢が大事である。常にパーフェクトを目指していると、いつまでも達成感が感じられずにくじけてしまう場合も多いからだ。

資格試験などでも合格点はだいたい70%ラインにあり、そう考えると勉強においても半分以上の出来ならばよしとしたい。できない問題があっても、8割できているなら次へと進んでいくほうがゴールに到達できる可能性は高まるのだ。

そして、この「ほどほどライン」がクリアできたら自分を褒めてあげよう。多少は不満が残っても、褒めることで嫌な気持ちを引きずらなくてすむ。モチベーションを維持するにはいい心理状態（Well being）を保つことが大切なのだ。

できなかったことより、できたことに目を向けてポジティブな自己評価をすること。志（目的）は高く、実行はそこそこから。これが楽しく長続きさせるコツである。


パーフェクトではないと不満を抱えるよりは、ほどほどでも行動レベルで満足できたほうが長続きする。

どんな「感情」が勉強への原動力になるのか

勉強と聞くだけで辛い、苦しいというイメージが浮かんできてしまう人は、どうしてもやる気のエンジンがかかりにくい。嫌だと思うことに対しては脳の働きが鈍くなるためで、脳は感情に左右されやすいのである。

しかし、その作用を利用して逆に脳にハッパをかけてやることもできる。

脳が活発になる感情のひとつはワクワク感や楽しさだ。この勉強をしたら、どんなに素晴らしい未来が待っているかを想像するのだ。外国へ行ってバリバリ仕事をしている自分を想像してもいいし、検定試験に高得点で合格している姿を思い浮かべてもいい。できるだけ具体的にイメージするといい。

一方、まったく違う感情を利用することもできる。それは怒りや悔しさで、こういったマイナスの感情も行動への大きな起爆剤になる。

たとえば、オリンピック選手などをイメージしてもらうとわかりやすい。銀メダルを取っても、これは目指していたメダルではない、最後の最後に負けたと悔しがる選手が次の大会で金メダルを取ることがある。彼らは悔しさを、「次は見ていろ」というパワーに変えて前進しているのである。

楽しさよりもリベンジ精神のほうが持続性が高いともいわれるが、自分に合ったほうを選ぶといいだろう。

ちなみに、最悪のケースを想像する方法もある。この場合、それだけは絶対に嫌だという気持ちが湧き起こり、やる気に火がつくのだ。

もっとも、それだけだと落ち込む恐れがあるので、最高の状態と最悪の状態を比較するのがいいだろう。さらに失敗が続くようなときは、あえて自分をなぐさめる「セルフコンパッション」も効果的なことが研究でわかってきている。

自分の感情である楽しさや悔しさを学ぶ行動への原動力にしよう。

やるしかない状況に自分を追い込む！「認知的制約」のつくり方

社会人になると、学生のときとは違って必要に迫られて勉強することが多くなる。海外に進出している企業も多く、上司から突然「中国に行ってくれないか」など転勤を言い渡されることもめずらしいことではない。そうなると、何はともあれ中国語を身につけるなど、大急ぎで勉強しなくてはならないことになる。

しかし、その勉強にあまり乗り気ではなかったりすると厄介だ。

誰でも新しいことにチャレンジするときは、それが興味のあることであればいくらでもがんばれるが、必要だとわかっているもののやる気が出ないとなるとなかなか一歩が踏み出せないからだ。

そんな自分にはっぱをかけるためには、それをするしかない状況に自分を追い込むという方法がある。

それは、やるしかないという「認知的制約」を利用するやり方だ。

たとえば、資料を読みこなす必要があれば、それをコピーして1ページだけカバンの中に入れておき、ほかの本や雑誌などはいっさい入れないようにする。電車の中で手持ちぶさたになっても、そのコピーしか読むものがない状態にしておくのだ。

すると、「どうせやらなきゃいけないのだから、少しでも読んでおくか」という気分になり、自然と一歩を踏み出せるようになる。

最初はたとえ消極的なスタートでも、自分の置かれている立場と勉強の内容がリンクするようになれば、そのうち自然にエンジンがかかるようになるものだ。

やる気が起こらないときは無理に気持ちを鼓舞するより、まずはやらなければならない制約をつくって自分の行動を誘導するのが最良の方法なのだ。

無理して自分にはっぱをかけてがんばるよりも、〝それしかできない制約のある状況〟に自分を追い込もう。

同じ目標を仲間と教え合えば、「学ぶ力」がアップする

勉強というと、机に座って一人で黙々と取り組むイメージがある。でも、勉強の成果を少しでも上げたいのなら「○○試験に合格する」とか、「○○の専門知識やスキルを高めたい」などと、同じ目的を持つ人たちと教え合うといい。

この仲間同士の学習を「ピアラーニング」と呼ぶが、教えたり教えられたりすることで「自己効力感」が高まるので、学習効果や成績が上がるのだ。

まず、人に教えることで「自分は理解できている」自覚が得られ、それが自信につながる。しかも、この学習の成功体験を仲間と共有することで、「自分もできる」という自己効力感と多面的な認識（メタ認知）の見方ができるようになる。

お互いに教え合えばそこには適度な緊張感が生まれ、学習の継続にもつながる。

竹馬の友ではないが、一緒に学ぶ仲間がいることで一人で勉強をするときよりも

孤独感を感じなくてもすむし、そのぶん学習を続けやすくなる。

しかも、いままでは一人では気づかなかった点や考え方を仲間が説明してくれたり、逆に質問することで得られる知識や考え方もある。

実際、フィンランドでは、生徒同士が教え合う「協同学習」を取り入れているし、日本でも「アクティブラーニング」の一環として、グループ学習を導入する学校が増えている。授業や講義を一方的に受けるだけだと5%ほどしかない学習定着率が、他者に教えることで90%に達するという研究結果もある。

ちなみに、職場や同じ趣味を持つグループ、研究者など、共通の関心を持つ人たちが集まって協力しながら知識やスキルを磨き、高め合う「実践コミュニティ」もある。このコミュニティは意図的な教育法ではなく、仕事や生活、プロジェクトなどの活動のなかで相互の価値観や技能・知識を共有していくのだ。


「ピアラーニング」は、孤独感を感じずに学習を続けることができる。一方通行の講義より、教え合うほうが学習定着率はグンと上がる。

予定している勉強量の「10％でもこなす」習慣をつける

ビジネスパーソンの場合、急に残業が入って勉強時間が削られたなどというケースは珍しくない。仕事以外でも寝不足で集中できないとか、むずかしい問題にぶつかってしまい、どうしても先に進めないという場合もある。

このように予定どおりに勉強が進まない日々が続くと、せっかくのやる気も失われてしまう。

じつは、ここでやめてしまうのは完璧主義の人が多い。どうせできないなら、やらないほうがマシだと考えてしまうわけだ。

しかし、さまざまな理由で勉強が思うようにはかどらないことはある。そのたびにやめてしまったら、いつまでたっても三日坊主からは抜け出せない。

こういうときは「オール・オア・ナッシング」から、「10％でもやる」という方向へ気持ちを切り替えてみるのだ。10％から100％まで、10％刻みで選択肢を用意して、それをできるだけ記録する習慣をつけるのだ。「能力は習慣だ」ということに気づくのである。

こうすれば、時間がないときには10％、今日は調子がいいから100％と、自分の状況に合わせてペースを配分できる。いつでも100％でなければいけないと思うと、できなかった日には挫折感が大きくなる。だが、10％でもいいとなれば気が楽になって続けていくことが苦痛ではなくなり、習慣として定着していくのだ。

気が乗らないときに高い目標を設定する必要はないものの、必ず「10％だけは勉強に手をつけよう」と考えて記録をつけておくようにする。続けることこそが挫折を避けるための最大の手段なのである。

勉強時間や量のペース配分を状況に応じて調整する。そうすれば挫折しないで続けることができる。

心から欲している楽しみは「おあずけ」にしない

楽しみが待っていると思えば勉強にも熱が入るのはたしかだ。ご褒美につられてモチベーションが上がり、それを目指して駆け抜けていく感じだろうか。

しかし、いつでも勉強が最優先だとストイックに考える必要はない。どうしてもやりたいことがある場合は、後回しにしないほうが逆にモチベーションの低下を防ぐことができる。

読みたい本や観たいテレビを我慢して勉強しようとすると、かえってそちらが気になってしまい、集中できなかったりイライラしてしまうものだ。

そんなときには、まずは自分の欲求を先に満たしてしまおう。その間は勉強のことは忘れて、やりたいことを思い切り楽しんでしまうのだ。

欲求が満たされると心は満足し、気分もよくなる。結局、快適な心理状態で机に向かったほうが集中できて効率も上がるのである。

もちろん、いくら我慢をしないといってもだらだらとやり続けるのは禁物だ。この番組だけ、1時間だけ観ようというように、きっちりと線引きをしておく必要があるのはいうまでもない。楽しみに使ってしまった時間は、翌朝に早起きをして取り戻してもいいだろう。

こうした精神的な快適さは幸せ感情の「ウェルビーイング」とも関係し、勉強に集中するうえで欠かせないものだ。

お腹がすいている、体が汗ばんでいて気持ちが悪い、眠い…といった生理的な欲求を抱えたままでは意欲が減退してしまう。とりあえず、そうした不快な状態を解消してから勉強に取りかかったほうがいいのである。

モチベーションを保ち続けるには、ときには〝甘さ〟も必要なのだ。

〝どうしても〟という楽しみは我慢しない。
いい気分の「ウェルビーイング」は、
モチベーションのアップにつながる。

自分を信じる力がみなぎる「自己効力感」とは？

スクールでも個人的な集まりでも、勉強仲間がいるといい刺激になり、また励みにもなる。しかし、人は常に自分を周囲と比較して評価を下す傾向がある。グループ選びには注意が必要だ。

たとえば、このグループのレベルが高すぎると、「自己効力感」が低下してしまうケースがある。

「自分は〜ができる」という自信を心理学では「自己効力感」と呼ぶが、この自己効力感が高いほどモチベーションは上がり、低いとモチベーションも下がる。

たとえば、レベルの高い学校と低い学校では、一般的に高い学校に入学したいと考えるものだ。ところが、高いレベルの学校でいつも最下位の成績しかとれないと効力感が低くなり、逆に低い学校でトップを維持していると効力感が高まることがある。

その結果、前者は意気消沈してやる気をなくすのに対し、後者はもっとやる気が出て成績もアップしていくのだ。これを「小さな池の大きな魚効果」という。

だから、自信が持てなかったり、自分の能力が追いつかないと感じるようなときは、自分が上位グループに入れそうな集団の中に身を置くのもひとつの手段だ。そこで安心感や満足感を得られれば、効力感も高まっていくことになる。

ただし、これは両刃の剣ともいえる。レベルの低い人と自分を同一視してしまうと、成長のチャンスを逃す恐れもあるからだ。もし優れた人を見て、あんなふうになりたいとか、追い越したいというポジティブな気持ちを持てるのであれば、自分より少し高いレベルのグループに所属してもいいだろう。

このあたりは個人差があるので、自分に合ったほうを選択してほしい。


無理して高いレベルについていこうとするのは逆効果。自信を持てる「自己効力感」のレベルを選ぶことが大事。

「自分はできる」という自信が最高の〝報酬〟である

社会人になってから勉強する理由は人それぞれだが、「今よりもっと給料のいい仕事につきたい」などと、勉強の成果を金銭的な報酬につなげたいという人は多い。がんばった先に何らかのご褒美があれば、それだけやる気も出るものである。

しかし、今の日本では、いくら勉強したからといってすぐにそれが給料のアップにつながることは少ない。では、そんなときにどうモチベーションを保っていくかというと、そこは発想を柔軟に切り替え、勉強をがんばった見返りは給料アップだけではないと考えてみることだ。

というのは、勉強をやり通したことで得られる「達成感」や「充実感」は、ほかでは得がたい最高の〝報酬〟だからである。しかも、この達成感や充実感を繰り返し味わっていくと、「自分はできる」という確固たる自信につながっていく。

こうした自分に対する自信や信頼感を「自己効力感」ということはすでに述べた。この効力感が高い人は、何か行動を起こすときに「自分にはきっとできるはずだから、やってみよう」と前向きに考えることができる。そのうえで、実際に努力して成果を獲得する傾向があるのだ。

そうして、「勉強する」→「達成感を味わう」→「自己効力感が高まる」→「さらに勉強する」という正のスパイラルにはまっていく。こうなると、目先の給料アップなどなくても、達成感を得るために自ら勉強に励むようになってくる。

自己効力感を高めるためには、何度も成功体験を重ねて「成長マインド」をつくっていくことだ。

まずは手の届きそうな目標を設定し、それを繰り返しクリアしていく。お金には換えられない「達成感」と、その先にある自己効力感という報酬を得てほしい。

勉強をやり通したあとに得られる達成感や自信は、お金に換えがたい最高の「報酬」となり「成長マインド」をつくり出す。

リストアップしたタスクを「消すと得られる快感」とは？

難解な問題が解けたり、テキストを1冊終了したあとには、これを成し遂げたという満足感や達成感があるはずだ。この達成感とモチベーションには密接なかかわりがあって、達成感を感じるほどモチベーションも高まっていく。

そこで、日々の達成感をより高めるような工夫をしてみたい。たとえば、その日にやることをリストアップして紙に書き出し、終えたものからチェックしていくのである。

あまりにも簡単で拍子抜けしてしまうかもしれないが、自分がやることを目に見える形にしてひとつずつ消していく、という達成感を「見える化」することがミソなのだ。

目の前に積まれた書類がだんだん減っていけば、自分がどれだけ仕事をこなしたかが確実にわかる。すると、「よし、もうひとがんばり」という意欲も湧いてくるだろう。リストはこの書類の山と同じ役割を果たしているのである。

また、リストアップには付箋とノートを使って「見える化」するのもいい。片側のページにやることの付箋を貼っておき、終わったらもう一方のページに付箋を移動するのである。ちなみに付箋を使えば、やることの優先順位を入れ替えたりするときにも便利だ。

リストに消せない項目が残ってしまう日があるかもしれないが、できなかったといって自己嫌悪に陥る必要はない。予定がクリアできなかった原因を確かめ、改善の材料にすればいいのだ。それにもとづいて勉強量や時間を調整し直せば、翌日は効率よく進められるだろう。

その日の予定をまずリストアップして「見える化」を。項目を消すたびに達成感が得られて、「次のやる気」が生まれてくる。

「自己演出」をするとモチベーションがグンとアップする！

会社で上司に「君には期待してるよ」と声をかけられたら、あなたはどう思うだろうか。

もちろん、逆にプレッシャーを感じて気が重いという人もなかにはいるだろうが、少なくとも悪い気はしないはずだ。そして、できるだけその期待に応えたいと努力したりもするだろう。

教育心理学には「ピグマリオン効果」という言葉がある。これは、まさしく「人から期待されると、その通りの成果が出せる」という意味で、教師が生徒に「君はできる」と期待を込めれば、その生徒の成績が向上することから「教師期待効果」とも呼ばれている。

そこで、この心理的効果を勉強法に取り入れてみよう。

とはいっても、第三者に頼んで「君はやればできる」と言ってもらうわけにはいかないので、「自己演出」をするのだ。

「自分はやれる」「きっとがんばれる」「上司にも期待されている」などと、こうしたポジティブな期待の気持ちをあえて「演出」することで、自分をその気にさせるのである。

とりわけ理想の姿を先取りした「自己演出」の行動は自己を高めるための集中力につながる。自分の能力を信じたうえで、さらに上司や同僚にも期待されていると仮想すればモチベーションはアップする。

そのためには、期待にふさわしい役割を持てるようにすることだ。勉強会の幹事役やプロジェクトのリーダーに自ら立候補してもいいだろう。

「こうありたい行動」を先取りで自己演出して、周囲の期待を任える役割を持つようにすれば、モチベーションがアップする！

すぐやろうではなく「まず準備」しよう

今日こそは部屋の掃除をしようと心に決めたが、結局何もしないまま夜になってしまった——。毎日時間に追われていると、こんなことは珍しくない。掃除ができない理由は「億劫だから」「どこから手をつければいいのかわからないから」などいろいろある。

これは勉強についても同じことがいえる。

「今日こそはやるぞ」と意気込んだはいいが、結果的に何もせずに終わってしまう。できない理由もまったく同じだろう。

やる気はあるのになぜか行動に移せない。この誰にでも思い当たる悩みを解決するのに簡単な方法がある。それは「すぐやろう」ではなく、「まず準備をしよう」という意識を持つようにすることである。

当たり前のことだが、会社に出勤するのに起きてそのまま出かける人はいない。ふつうは顔を洗って身支度を整え、スケジュール帳を開き、その日の予定を確認する。この準備があって、はじめて「さあ行くか」となるのだ。

勉強も同じで、これから学ぶための環境を準備することに大きな意味がある。机を片づけてテキストを開き、筆記用具をそろえて今日の学習プランを決める。こうすることで、「さあやろう」という気持ちに自然となれるのだ。

さらに「ネクタイを締めると仕事モードになる」という人がいるように、準備段階でスイッチを切り替える行動を義務づけるともっとうまくいく。

今日の目標を一筆書くとか、お気に入りのお茶を必ず1杯用意するなど、なんでもいい。こうすれば、準備作業そのものが儀式的な習慣になるので取りかかりやすくなる。

準備を習慣化して、気持ちが切り替わるきっかけや行動の〝儀式〟をするようにしよう。

これだけは覚えておきたい「勉強量と成果」の関係

世界を相手に戦うようなアスリートは、人の見えないところで血のにじむような努力をしているものである。

とくに、あっと驚くスーパープレーを連発したり、一瞬のひらめきで勝利を引き寄せるような天才肌の選手ほど基礎を大事にしている。

しかし、地道な努力が必要な、いわば基礎づくりのような段階がいちばんキツいのはいうまでもない。どうしても焦ってしまうという人ほどそこのところをないがしろにしがちだが、それはかえって逆効果になる。

これは、勉強でも同じことがいえる。

勉強をするときには「累乗効果」を意識すべきで、これは、身につけたものが2、4、8、16と、文字どおり累乗に成果をもたらすことを意味する。

たとえば、Xという問題を解くためにはA、Bという2つの基礎知識が必要になる。これらは習得するのに時間がかかるが、この2つを覚えてしまえば相乗作用によりXは容易に解けるようになるのである。

そればかりか、Y、Zといった他の問題への理解も深まる「転移」が開始されるようになるのだ。

一般に勉強量と成果は比例すると考えられがちだが、それは誤解だ。正しくは、ある一定期間は比例し、スランプの停滞期を経て途中から成果の量がグンと上昇する。もちろんそこには累乗効果や転移が関係しているのはいうまでもない。

一度に複雑な知識を身につけるより、認識や思考の枠組み（スキーマ）をおさえるほうが最終的にはよい成果を得られるのである。

すぐに結果が出ないからといって焦りは禁物。学習の成果は、「スキーマ」の累乗効果による「転移」が利き出してから一気に伸びる!!

自分にあった方法を○×で判定する「お試し勉強法」

英会話や簿記など、社会人になってから新たなスキルを習得すべく勉強をスタートさせる人はたくさんいる。

なかには、専門学校やオンライン講座を利用して学ぶという人もいるかもしれないが、やはり大半の人は独学だろう。

しかし、いざ独学となるとこれが案外難しい。もしも毎日コツコツと努力しているのに思うように成果が出ないのであれば、次の方法を試してみてほしい。

たとえば英会話を例にした場合、勉強にとりかかる前に「1時間で問題集を4ページ解く」などと具体的な目標を立てる。そして、手帳やカレンダーに達成できたかどうかを○×で記録していくのである。

もしも×が多いようなら、その勉強法はあなたに合っていない可能性がある。

そのときは「ラジオ講座を聴き、ノートで30分復習する」など別の方法に変えて、また○×で記録するのである。

単純な方法だが、こうして行動記録を分析することで自分に最も合う勉強法を探すことができるのだ。

記録して痩せる「レコーディングダイエット」や、今日やることを書き出してつぶしていく「ＴｏＤｏリスト」のように、成果を視覚で認識する「見える化」はモチベーションを上げたり達成感を得ることにもつながる。

決まったテキストも授業もない独学では、自分に合った学習法を探せるかどうかがすべてだといっても過言ではない。貴重な時間をムダにしないためにも、試してみる価値はあるだろう。

自分に合わない勉強では、いくらやっても力はつかない。○×で「見える化」して行動分析すれば、相性のいい学習法が見つかる。

小さな成功体験を重ねておくと「いい点数」が取れるワケ

試験を受けるとき、問題を頭から1問1問順番に解いていく人と、できそうな問題から手をつけていく人とがいる。

こればかりは本人の考え方しだいといいたいところだが、心理的な効果でみると後者のほうが好結果を招く確率が高いことをご存じだろうか。

たとえば営業をしていてがんばった結果、取引先から新規の契約をもらうことができたとする。そうすると、もう一度この喜びを味わいたいと思うようになるばかりか、この次もうまくいくような予感がしてくる。

これはいわゆる「成功体験」の一例であるが、人間にとってこの成功体験がもたらす効果は非常に大きい。

「うまくいった」という事実が自信と安定をもたらし、次に向かうエネルギーを与えてくれるのだ。

逆に失敗したときは、次も失敗するという思い込みが生じる。もう、おわかりだろうが、試験では先に成功体験を味わったほうが、その後の問題に落ち着いて臨めるというわけなのだ。

そこで、試験問題が配られたらまずは深呼吸する。そして、ざっと全体に目を通してできそうな問題から順に解いていこう。これなら苦手な問題でつまずくことがないので、時間のロスも防げる。

もちろん、最後に難しい問題だけが残る形になるが、その頃には緊張もほぐれて頭も柔らかくなってくる。あとは残りの時間を使って、じっくり難問と向き合えばいいのである。


人は小さな成功体験を重ねることで自信がつく。試験問題は解けそうなものから手をつけるのが鉄則！

勉強の達成レベルは「学習量グラフ」で裏づける

勉強を始めたばかりの頃はわからないことも多く、テキストを1日に1ページ読むのがやっとということもあるだろう。そうすると、なかなか進歩しないがために途中で嫌気がさしてしまうかもしれない。

こうした小さな積み重ねがあってこそ次のステップへと進めるのだが、はっきりとした結果が出ないと焦りばかりが募って、やる気も失われがちだ。

そういう場合には、成果を目に見える形にするのが効果的である。1日のうちでどんなふうに勉強をしたか、回数、時間、量などを具体的に記録するのだ。このとき、単に数字を記すだけでなく、グラフにするほうがいい。

というのも、勉強に対するモチベーションが下がってしまう理由のひとつは、自分がどれだけのことを学んだか、どのくらい目標に近づいているのかわからないことにあるからだ。

その点、グラフは小さな変化でもすぐに読み取れるので便利だ。「ここ3日は同じようなレベルだったけれど、今日は上昇した」とか、「まずいぞ、昨日は最低じゃないか」といった状況が一目瞭然になるため、自分の現状をしっかりと把握できるわけだ。

これはよくダイエットに用いられる方法でもある。毎日記録をつけていると、たとえ100グラム減っただけでも成果が感じられて励みになるのだ。逆に同じ数値が続けば、もっとがんばらなければいけないという気持ちになる。

グラフというデータの裏づけがあれば、確実に前進していることが実感できて自信にもつながっていくだろう。


その日に実行したことをグラフに記録することで、努力の「見える化」ができて明日のやる気が生まれる！

ギリギリセーフが多い人は「覚醒感より達成感」を意識する

何でも期限ギリギリにならないとやる気になれないという人がいるが、このようなクセを持つ人は心理テストでは「自信家」であると判断されたりする。たしかに、自信がなければお尻に火がつくまで放っておくことなどできないから、あながち当たっていないとはいえない。

しかし、このようなタイプの人は一方でスリルをも楽しんでいる。「もうダメかもしれない！」という状況に自分を追い込んで、アドレナリンを多量に放出しながらギリギリのところで間に合わせるのだ。

これを繰り返していると、そのうちに終わったときの覚醒感がクセになり、また繰り返してしまうことになる。つまり、これが心理学でいう「デッドライン効果」で、ギリギリになるまで手をつけないのは一種の依存状態にあるのである。

作家のように創作する仕事についているなら、その覚醒感ですばらしい作品を生み出せるかもしれないが、こと勉強においてはこのやり方はおすすめできない。なぜなら、短時間で一気に覚えたことはすぐに忘れてしまって身につかないからだ。

いい点を取るためだけにテストに挑むというのならそれはひとつの方法ではあるが、社会人になってからの勉強は一つひとつ確実に自分のものにしていかなければ意味がない。溜め込んで一気に勉強しても、すぐに記憶から消えてしまうようでは何にも活かすことができないのだ。

時間があるとどうしてもやる気になれないのなら、前半と後半に時期を分けて、その前半の勉強のハードルを高くしてみるといい。

そうすると、「ギリギリに取りかかると間に合わない」と焦りの気持ちが前半に生まれるが、後半でそのリスクもカバーできるというわけだ。

勉強したことを確実に身につけるには、コツコツ積み重ねる。どうしても溜め込んでしまう人は、時間を区切ってハードルを高くする。

「勉強のしすぎ」がかえってよくない理由とは？

たとえば旅行や帰省で長距離を車で移動するとき、たいした渋滞もなく比較的すいすい進んでいると、何となく休憩するタイミングを失って何時間も運転を続けてしまうことがある。

人間の体は快適で楽しいと疲れを感じにくい。だからつい休まずに運転してしまうというわけだが、これは非常に危険である。人間の集中力は時間が経つにつれて低下してくるからだ。

じつは、この現象は勉強中にも起こり得る。

教育の分野には「学習疲労」という言葉がある。これには「苦手な分野だから反復する」というケースや、逆にその分野が好きで楽しいからつい熱中してしまうというケースも含まれる。

もちろん、これらは車の運転と異なり危険というわけではないが、やはり能率という意味で考えればけっしてよくはない。最初はスポンジが水を含むように知識を吸収していても、そのうち、さほど身になるものがないのにただ机に向かっているという時間帯が必ずやってくるからだ。

そんなときは無理にでも休憩を入れて、いったん学習モードをリセットしよう。意図的に交感神経を休ませて、リラックス効果が高い副交感神経を高めてやるのである。

そうして休憩後に勉強を再開すると、脳の「デフォルトモードネットワーク」が休んだ間に働いて学習効果がグンと上がってくる。運転の疲れを癒すように、ときどき緊張をほぐしてリラックスすることがぼんやりした脳の神経活動を活性化するうえでは大切なのだ。

楽しいからと同じ学習を長時間繰り返すのは逆効果。
定期的に休憩をもうけて、
脳をデフォルトモードにしてリセットする時間を!

「知らないことを前提」にして勉強すると驚くほど知識が身につく

自分にはまったく知識がない話題なのに、「知らない」のひと言が言い出せずにとうとう最後まで話を合わせてしまった——。こんなちょっとバツが悪い経験はおそらく誰にでもあるだろう。

知ったかぶりをするのは、それを告白することで自分の価値が下がることを恐れる「防衛機制」という心理が働くからだといわれている。

しかし、知ったかぶりはいろいろな意味で損をするという考え方もできる。

たとえば少人数の勉強会で、自分がよく知らない話題が出たとする。もしも、そこで「知っている」フリをした場合、その話題が進んでいる最中は「周囲に無知を悟られたくない」という気持ちに意識が集中せざるを得ない。

そうすると話の内容が頭に入ってこなくなり、その話題に含まれている有益な情報を聞き逃すことになってしまう。

ところが最初に「知らない」と素直に言えば、必ずそのことについての解説をしてもらえるはずだ。そのうえで話を聞けば、その話題に関する知識も情報もしっかりと手に入れられるのだ。

このことを踏まえると、勉強においても「何となく知っている」程度の知識は、むしろ「知らない」という前提で学んだほうが結果的には得をすることがわかるだろう。哲学者のソクラテスの「無知の知」こそが多くの知識や情報を呼び寄せるのである。

「聞くは一時の恥、聞かぬは一生の恥」というが、これは他人との会話だけでなく学びの姿勢にも共通する価値観だ。「無知の知」は積極的に知らないことを認めて、高いモチベーションで勉強に取り組むために必要な心構えなのである。

知ったかぶりは百害あって一利なし。
中途半端な知識も「知らない」を前提で
「無知の知」を活かすならば、結果的に得をする。

「インプロ・シンキング」で小さな発想のタネを育てる！

会話をしていると「そうじゃなくて」とか「無理だよ」など、やたらネガティブな相槌ばかり打つ人がいるが、物事に対して否定的な見方ばかりするのはいいことではない。

なぜなら、いったん否定するとその時点で思考はシャットアウトされてしまい、その先の自由な発想である「心理的安全性」が奪われてしまうからだ。こういうモノの見方は他人とのコミュニケーションで不快な思いをさせるばかりでなく、自分自身も損をするということに気づくべきだろう。

そういう人にぜひ覚えてほしいのが「インプロ・シンキング」である。「インプロ」とは演劇で使われる「即興」を表す英単語に由来しており、「即興で物事を考え、演じる」という意味だ。

具体的には、相手が口にしたアイデアを瞬間的に肯定し、それに関連したアイデアを返す。それを重ねていくことで最も生産的なアイデアが出せるようになるという一種の先取り行動型の思考術である。これは勉強法のひとつとしても効果的だ。

新聞などで気になるキーワードがあったらノートに書き出し、それに関連する語句や知識を即興で書いていく。あるいはひとつのテーマを設定し、そこから思いつくアイデアをどんどん出してメモカードにしていく勉強法もいい。

こうした数珠つなぎ的な思考トレーニングを重ねていくと、最終的に目標へとたどりつく能力が身につくのだ。

ここでのアイデア出しは、新しい状況を受け入れて可能性を探す作業を意味する。発想力を磨く勉強を続ければ、これまで以上に価値観も広がるはずだ。

否定的なモノの見方は自分が損をする。小さな可能性を見出すインプロ式トレーニングで、目標へ到達する能力を磨こう。

「アフォーダンス理論」を知ると勉強をしたくなる環境が整う

自分の勉強部屋や書斎がある。空調機器や照明も最新設備を取り付けてあり快適そのものだ。周囲の雑音もほとんど気にならないし、人間工学に基づいたデスクとイスも用意した——。

ならば、いくらでも勉強や研究に没頭できそうだが、悲しいかな、人間はいくら完璧で整った環境やモノに囲まれていても、いざ「勉強をしなくちゃ」となると、途端にやる気がしぼんでしまう人が少なくないようだ。

そこで、猫に小判にならぬよう「アフォーダンス理論」を改めて検証してみたい。アフォーダンス理論とは、モノや環境が生物に対して特定の行動を「誘発する」（アフォード（afford））ことで、デザインや人間工学の分野で広く応用されている。

たとえば、ドアノブはその形によって「押す」のか「引く」のかを無意識に行ってしまう。

このことからわかるのは、モノが私たちに特定の行動を誘発するデザインになっていることだ。そこで、そのことを逆手にとって自分の勉強に応用するのである。

ただし、やることは実にシンプルで、やる気など必要ない。

たとえば、勉強をするときは机の上に教科書や文献、筆記用具など必要最小限なモノだけしか置かず、学ぶ行動の「きっかけ」となるように次に読む本を開いた状態で置いておく——といった具合だ。

大切なのは、当たり前のように見えるものがそこにあるだけで、勉強をしたくなる行為の連鎖が生まれるということだ。

きっかけとなる〝小さな行動〟を見つけること。その行動を引き出すモノ（形）が、勉強を誘発するデザインになっている。

「学習空間の色彩選び」ひとつでやる気と効率はアップする！

電車の運転室をのぞくと、その多くがグリーンやブルー、グレーの色で塗られている。これは夜間でも外が見やすい、運転士の集中力が高まる、（色の）刺激が少ないので目が疲れないからだといわれている。

もともとグリーンなどの色は、目にやさしく、目を癒す効果がある。長時間見ていても疲れにくく、学校の黒板が緑色になっているのと同じ理由だ。

またグレーの色には、光の反射を抑えて、よけいな情報を目に入りにくくする効果がある。これも机やノートが白すぎると目がチカチカするのと同じで、運転席が明るい色だと視界が乱れるなど運転に支障をきたしかねない。

そこで、勉強をするときも電車の運転室と同じように目にやさしく集中できる環境をつくるといい。学習空間の色は、集中力や学習効率に影響を与える可能性があるからだ。

たとえば、グリーンは心理的な安定をもたらし、学習効果を高める効果がある。またブルーは副交感神経を優位にして、心拍数や血圧を下げる効果が期待できる。創造性や直観力を刺激する色なので、自由な発想やアイデアが生まれやすい。

そのほかにもイエローは知的好奇心や楽観性を刺激し、オレンジは活気を与えてくれるのでやる気が増す。逆に赤や原色に近い黄色などの派手な色に囲まれると注意力が散漫になり、とたんに集中力が下がり、落ち着かなくなる。

だからといって、壁紙や天井まですべてグリーンやブルーに統一する必要はない。壁に青っぽい絵画やタペストリーを飾るだけでも十分。照明の一部にこれらの色を取り入れるだけでも、潜在的な学習効果はアップするのだ。


電車の運転席の色は、集中力や学習効率にプラスの影響を与える。部屋に青っぽい絵画を飾るだけでも心は安定し、創造力が刺激される。

Column 4

焦らず、状況を冷静にとらえることが大切だ

巨大迷路を体験したことがあるだろうか。高い壁に阻まれた通路をたどってゴールを目指すが、視界に入るのは自分の身長よりも高い壁だけだ。角をいくつも曲がっているうちに、いったい今自分がどっちの方向を向いているのかさえわからなくなってますます焦ってしまう。

このような心理状態はどこか失敗続きで、予定どおりにコトが運ばなくなってしまったときの心境にも似ているのではないだろうか。

こんなときに大切なのは、焦って自分を見失わないことだ。失敗続きの自分を責めたり、もうダメだと投げ出してしまうと絶対にそこから抜け出せなくなってしまう。

それよりも、こんなときこそ失敗を失敗と受け止めてとにかく冷静な気持ちを保ちたい。自分は今どのあたりにいて、どのような状態に陥っているのかを心を落ち着けて考えるのである。

そして、どうすればこの状態から抜け出すことができるのか、さまざまな方法でトライしてみるのである。

何度も道を行きつ戻りつしながらも、目指す出口はただひとつ。歩みを止めずにふさわしい行動さえしていれば、ちゃんとゴールにたどり着くことができるのだ。

Step5

スランプ

諦める前にやれることは
いっぱいある

「やり抜く力」が身につけば集中力とパフォーマンスがアップする！

何かと毛嫌いされることの多いストレスだが、つきあい方によってはプラスにもなればマイナスにも働く。

たとえば、生後間もない赤ちゃんにとってストレスは生存と発達に不可欠で、仮にまったくストレスのない環境の下で赤ちゃんが育つと、生理的・心理的な発達が遅れることが研究で明らかになっている。母乳やミルクが欲しいときに泣くのが赤ちゃんだが、これがなければ栄養を補給することすらできない。

ストレスには仕事のプレッシャーや人間関係、お金の不安、健康問題などありとあらゆることがある。特に長期にわたって、強いストレスが解消されずにたまってくると、人体にはいろいろな症状が現れる。ただし、短期間のストレスは適度な緊張感を生み出し、集中力を高めたりすることがある。

であれば、勉強にも積極的に取り入れたい。まず、ストレスの存在をきちんと認識し、そのうえで対処法を身につければストレスは味方になってくれるのだ。

その際に重要なキーワードとなるのが、心理学者のアンジェラ・ダックワースが提唱した「GRIT」である。困難に直面しても粘り強く「やり抜く力」のことで、才能や知能よりも成功を左右する重要な要素とされている。

①「持続力」(困難な状況に陥ったり、失敗をしても努力を続ける)と、②「情熱」(長期にわたって同じ目標や興味を持ち続ける)の2つからなり、勉強に限らず、ビジネスやスポーツなどさまざまな分野でこのGRITを高めると、成功を収められる可能性が高まることがダックワースの研究でわかっている。

GRITがあればストレスを自己の成長への糧にでき、最終目標に到達できるはずだ。

ストレスの存在を認識し、それをうまく利用する。対処法を身につける能力よりも、成功を左右するのは持続的な成長への力となる「GRIT」だ。

本番に弱い人のための「状況」を味方にする「いつも通り」の心理効果

試験当日になるとガチガチに緊張したり、体調を崩したりしてしまう、いわゆる「本番に弱い」という人はいないだろうか。

誰よりも勉強して努力を重ねてきても、肝心な日に実力を発揮できないのでは元も子もない。過去にそうした悔しい思いをしてきたという人は、効果的な「状況認知」のトレーニングで克服してほしい。

このトレーニングは、試験当日の状況とできるだけ同じ状況をシミュレーションした行動をするという方法である。起床時間や朝食の時間を試験当日に合わせ、可能なら同じ時間に家を出て、試験開始時間と同時に問題を解く。これを本番の1カ月前くらいから毎日行うのである。

すべてを実践するのが無理ならば、最低でも起床時間と朝食、トイレのタイミングくらいはトレーニングしておこう。

これをやっておけば試験当日の自分の姿がイメージできるし、いざ本番になっても極端に緊張しなくなる。「いつも通り」という心理的な暗示が効きやすくなるからだ。

日本を代表するアスリートだったハンマー投げの室伏広治選手も、メダルを獲得した大会のインタビューで、本番に合わせてピークを持ってくる「ピーキング」の重要性を語っている。スポーツの大会でも試験でも、最も重要な日に実力を100%発揮するためには事前の本番に合った「状況」が大事だということなのだ。

ただし、あまりにも前から準備をすると早々に燃え尽きたり、張り切りすぎて体調を崩してしまうこともあるので、くれぐれもご注意を。

試験当日と同じ状況での行動を
シミュレーションすれば、
「いつも通り」という暗示が手に入れられる。

三日坊主を卒業する「4つのアプローチ」

どんな勉強に手をつけても長続きしないのは、飽きっぽい性格のせいだとあきらめていないだろうか。しかし、飽きっぽくできているのは、変化したくない「自己」のせいなのだ。

誰でも初めてのことには驚いたり興味を持ったりするが、慣れてくるにつれ関心は薄くなっていく。これは「馴化《じゅんか》」という脳の作用による。つまり、勉強もしばらくやっているうちにマンネリ化してしまうわけで、それなら自己を変化させる工夫をすればいいだけである。

目標を持った行動でやる気に満ちているときは、脳の淡蒼球《たんそうきゅう》という部分が活性化しており、「自己」のあり方を変えることで淡蒼球を活性化させることができる。

それは、①身体を動かす ②行動パターンを変える ③報酬を与える ④信念や思考を変える、の4つである。ただし、④は難しいので、①、②から実践してみよう。

たとえば、伸びをしたり肩を回す、あるいは笑顔をつくるだけでも体を動かしたことになる。また、いつもとは違う場所で勉強してみれば、行動パターンが変わり思考も刺激される。

ここまでやったらビールを飲むとか、1週間続けたら欲しいものを買うといったご褒美があると意欲が湧いてくるのが実感できるはずだ。

そして、自分は必ず合格できるといった信念を持つことや、何のために勉強をするかという目的を明確にすることも大事である。この強く思い込む信念ができると、自然とそれに合った行動ができるようになる。

こうした4つのアプローチはそれぞれ難易度も異なるので、できるものからトライしていけば、三日坊主に終わってしまうこともなくなるだろう。

自己のあり方を変える「4つのアプローチ」で、やる気のスイッチを入れよう。

心が混乱しているときは「鏡の中の自分」を笑顔にしてみる

勉強をしていれば壁にぶつかるときもある。悩み出すと、自分には向いていないのか、これを続けていて役に立つのかなどと、どんどん思考がマイナス方向へと向かってしまいがちになる。こんな状態でやる気を出せといっても無理な話だ。

このように心が不安定になっているときには、「鏡のトリック」を使って平常心を取り戻そう。

どういうことかというと、鏡を見つめてそこに映っている自分と対話するのである。気弱になっている自分がいれば「大丈夫だ、きっとやれる」と励ませばいいし、イラついた顔をしているなら「少しは落ち着けよ」と声をかけてみるのだ。

傍から見れば奇異に映る光景かもしれないが、自分の部屋なら他人の目を気にする必要はない。

鏡の中の自分と対話するということは、自分を客観視するということだ。心が乱れているときには不安やプレッシャーなどに流されてしまい、自分がどんな表情をしているのかさえ気づかない。鏡を使えば、そんな自分と正面から向き合うことができる。そして、鏡の中の自分に冷静に語りかけることで安定した感情を取り戻せるというわけだ。

鏡は自分の感情をコントロールするために有効な道具だと考えるといい。安定した気持ちは、モチベーションのアップにつながっていくのである。

ちなみに「お笑い体操」をしてみるのもいい。たとえつくり笑いでも気持ちが明るくなり、やるぞという気分が湧いてくる。笑うことによる表情筋の動きが笑いの感情をつくり出すからで、「運動」としてやることがポイントだ。

気持ちが乱れているときは鏡を見つめてみる。自分と対話し、笑う運動をすればやる気も回復する。

「自分は意志が弱い」と決めつけてはいけない

何をやっても長続きしない人に「どうして最後までやり通せないのか」と理由を尋ねると「自分は意志が弱いから」という答えが返ってくることが多い。

ほとんどの人は意志が弱いものだが、それでも長続きする人はするのである。だが、本当の問題は、「自分は意志が弱い」と最初から決めつけている自己イメージにあるのだ。

こういう人は、「自分は努力が足りないから」とか「自分はダメな人間だから」と、もともと自分自身を責める傾向がある。

これを「自罰傾向」というが、この自罰傾向が強い人は、うまくいかないことがあると「すべて自分が悪い」と、できごとの原因を自己の内側に求めてしまう（内的帰属）。この偏った原因の求め方が、本当の問題であることを知ることが大切だ。

自罰傾向が強いと、気持ちが萎縮してしまう。いざ何かを始めても、ちょっとしたトラブルにぶつかっただけで「やっぱり自分には無理なんだ」とすぐに落ち込んでしまうのだ。そして、中途半端に諦めたことで、さらに自分を責めるという負のスパイラルに陥っていく。

この連鎖から抜け出すには、外的な「状況」や他者との関係に注目して自分の「強み」を活かす時間を増やしていくことがポイントとなる。

そして、「意志」や「根性」は、固定的な自己の性格に起因するものとみなさないことだ。本当の外部の「状況」による原因と「強み」を知り、行動として実践すれば、意志もそれに応じて強くなってくる。

「自罰傾向」の強い人は、いちいち自分のせいにしない。外部の「状況」と自分の「強み」を理解して、うまくできた行動の時間を増やすようにしよう。

失敗したときの「分析のしかた」を間違えていませんか

がんばって勉強していた資格試験に落ちてしまったら、誰でも「なぜ不合格だったのか」と、失敗した原因について考えるだろう。

このときに重要になってくるのが、失敗の原因を「自分」に求めるか、それとも「自分以外」に求めるかということだ。じつは、この違いが、その後の立ち直りの時間や次回の試験結果を大きく左右する。

心理学では、ある出来事が起こったときにどうしてそうなったのか原因を探ることを「原因帰属」という。

また、「自分の努力が足りなかった」と、原因が自分にあると考えることを「内的帰属」といい、「今回は受験者数が多すぎた」とか「問題が難しすぎた」など自分以外に原因を求めることを「外的帰属」という。

立ち直りが早い考え方は、外的帰属のほうである。原因が自分にあるとは考えず、周囲や状況のせいにしているから落ち込むことが少ないのだ。

そのため、一見するとモチベーションも落ちないように見えるのだが、このタイプは反省をしないために同じ過ちを繰り返し、結果としてほとんど進歩しない。

それでは内的帰属がいいかというと、これは原因の求め方しだいである。単に自分の努力不足を嘆くだけでは立ち直るのにも時間がかかるし、モチベーションも保てなくなるからだ。

自分に原因を求めるのなら、具体的に自分には何が足りずに、次はどう改善していけばいいか見つめ直してみることだ。そうすれば一度は落ち込んでも、次回に向けてまたがんばろうという気持ちになってくる。

失敗したときの原因を「自分以外」に求めると成長しない。逆に「自分」に求めると落ち込むが、反省を活かして成長できる。

失敗を繰り返す「ハウリング現象」を断ち切るコツ

懸命に勉強を続けているのに、試験などでいざ本番になると気持ちが萎縮してしまい、いつも失敗に終わってしまう人がいる。そういう人は、この「失敗ぐせ」から脱出するために日頃からトレーニングをしてみるといい。

この失敗グセは「ハウリング現象」といわれるもので、以前の失敗を引きずって「また失敗したらどうしよう」と悪いイメージばかりを膨らませてしまう。そのために気持ちも体も萎縮して緊張し、本番でそれまでの成果を思う存分に発揮できなくなる。その結果、また失敗するという悪循環にはまっているのである。

もともと「ハウリング」とは、スピーカーの音をマイクが拾ってしまい、そのマイクの音が増幅されてスピーカーから出てそれをまたマイクが拾うというループが起こり、キーンという不快な音を出す現象のことをいう。

心のハウリング現象も、原理はこれと同じということだ。どこかでこの悪循環を断ち切らないと、いつまで経っても失敗のループからは抜け出せないのである。まずは、失敗したことを「何でこんなことをしてしまったのか」などと、いつまでも後悔しないことを心がけよう。失敗したことばかりを考えていると「また失敗する」という「認知バイアス」にはまり、無意識のうちに自ら失敗を招き寄せてしまう。

過去の失敗から学ぶことは学び、そのあとは次に向けて気持ちのスイッチを切り替えることだ。前回の失敗が頭をよぎることがあっても、「結果よりプロセスが大切」と自分に言い聞かせよう。

日頃から失敗に対する不安を払拭していけば、本番でも過剰に緊張することはなくなり、失敗のループから抜け出せるはずだ。

失敗を教訓にするには、プロセスに意識を向けよう。
失敗のことばかり考えると、
自ら失敗を招き寄せることになる。

「ネガティブ思考」でもキチンと成功を手に入れられる

物事を悪いほうへ悪いほうへと考えていると、その思考のクセ（認知バイアス）が実際に悪い結果を生んでしまうものだ。

しかし、場合によっては、物事を悲観的に捉えることがメリットにつながることもある。「最悪の事態を想定できる」というのも、そのひとつである。

たとえば、前回の試験で高得点を取ったからといって、次の試験でもうまくいくとは限らない。

ポジティブ思考の人は「また次も合格する！」と楽観的に考えられるが、ネガティブ思考の人は「次は落ちてしまうかも…」と、さまざまな不安を募らせる。

意外なことに、この不安こそが成功へのカギにもなるのである。

不安があると「いちばん苦手な分野が出題されるかもしれないから、ウィークポイントを中心に勉強し直そう」などと、最悪の事態を想定してあらかじめ十分な対策をとることができるからだ。

アメリカの心理学者のノレムは、このように強い不安を感じることによって高いパフォーマンスを生み出している人のことを「防衛的悲観主義者」と呼んだ。彼らは物事を悪いほうに予想してしまうが、その不安が現実にならないようにしっかりと防衛もするので、結果として成功を収めるのだ。

前向きであることは大切だが、何の根拠もなく「絶対に成功する！」とタカをくくっていると痛い目に遭うこともある。

重要な試験を控えているときなどは、「自信はあるが、万が一の失敗を考えてギリギリまで勉強しよう」と、防衛的悲観主義者をならって最悪の事態に備えてみるのもおすすめである。

ときにはあえて思考を悲観的にするのもいい。最悪の事態を想定して備えれば、結果として成功につながる。

落ち込んだままでは終わらせない「期待調整の原理」とは？

つまらないところでミスをしたり、思ったほど成績が伸びなかったりすると、自分には能力がないのかとがっくり落ち込んでしまうものである。このようにテンションが低いままではよけい勉強に身が入らなくなるし、モチベーションも下がり続ける一方だ。

ここでくじけてしまわないためには、気持ちをすっきりと切り替える必要がある。それには「期待調整の原理」が有効だ。

同じ結果を出しても、人は期待の大きさによって自己評価が変わってくる。たとえば、テストで70点を取った人が2人いたとしよう。100点を目指していた人はこの結果にがっかりするのに対して、60点取れれば十分だと思っていた人のほうは大喜びするはずだ。

つまり、落ち込むのは自分が期待していたほどの成果が上げられなかったせいで、だから自己評価も下がってしまう。そこで、最初の期待値を最適にする「期待マネジメント」によって、自己評価を上げようというのが期待調整の原理だ。

たとえば、当初目指していた資格を取得できたとしよう。ここでは自分の努力を最大限に評価してあげるべきだが、この調子ならワンランク上の資格にも挑戦してみようという気持ちになり、受験したところ落ちてしまった。

こんなときは落ち込むことはあるが、内心では「やはり高望みだったかな」とか「現実はやはり厳しい…」などと自分に言い聞かせていたりしないだろうか。これも「期待の調整」を行っていることになるのだ。

自分の評価は自分でするもの。そのときどきで調整して落ち込んだままにならないようにしたい。

自己評価は心の持ちようでいくらでも上げられる。「期待値」を最適なものに変化させて、モチベーションを回復させる。

誰にでも起こる「プラトー現象」は努力が蓄積している証拠！

経験者ならわかるだろうが、ダイエットをすると最初は順調に体重が落ちていくが、途中でいったん停滞期に入ることがある。

これは、体があらゆる機能を元の形に保とうとするホメオスタシスという働きによるものなのだ。これを知らないばかりに「このまま続けてもムダだ」と停滞期で挫折してしまう人が多い。やはりこういった努力は、成果を実感してこそモチベーションが上がるものだからだ。

じつは、これに似た現象はダイエット以外でも起こる。それが成長や発達における「プラトー（高原）現象」と呼ばれるものである。

勉強でもスポーツでも、最初のうちはやればやったぶんだけ成果が見えるものだ。ところが、ある一定の時期にくるといくらがんばっても表面上は何も成果が見えない段階に入る。

登山にたとえれば、突然高原のように起伏のない場所に差しかかり、歩けど歩けど頂上が見えない状態のようなものだろう。自分では努力しているつもりなのに成果が見えなければ、しだいに努力すること自体がイヤになってしまう。

しかし、その停滞期を突き抜けさえすればまた成果は見え始める。進んでいないようで、それまでの努力は新しい能力の構造（骨組み）をつくり出すことにしっかり費やされているからだ。

このプラトー現象は誰にでも訪れる。これを乗り越えるには過去を振り返り、自分の成長を実感することだ。

そうすれば、そのうち必ず成果がまた見えるようになる。何も心配することはない。


伸び悩みの時期（プラトー現象）は誰にでも訪れる。ここで踏ん張れるかどうかが〝別れ道〟になる。

勉強を途中で投げ出してしまう人は「木を見て森を見ない人」

仕事のために、あるいは将来のためにやらなければならない勉強があるのに、その勉強に興味が持てなかったら辛いことだ。テキストを読み進めてもまるで砂を噛むような無力感に陥ったら、途中で諦めてしまうのも時間の問題だろう。

だが、やめるにやめられない場合には、やり方を変えれば興味を引き出せることがある。勉強が面白くないのは、いきなり〝細部〟ばかりを覚えようとしていることが原因かもしれないからだ。

それを日本史の勉強にたとえるなら、年表の流れを無視して年号と出来事だけをただひたすら覚えようとしているようなものなのである。

これでは歴史全体のダイナミックさを感じられないばかりか、いったい今自分が何をしようとしているのかさえわからなくなってしまう。これでは、勉強がつまらないものになってしまってもしかたがないだろう。

そこで、勉強に興味が持てないときには、まず全体の流れをつかむことから始めたい。

問題を解いたり用語を覚えたりする前に、テキストを眺めるようにざっと読んでみる。それでもピンとこないときには、「よくわかる○○」などのように初心者にもわかりやすく説明してある本を読んでみてもいい。

そして、「なんとなく、わかってきた」というところまできたら、もう一度テキストに取り組んでみる。すると、思い悩んでいた頃とはまったく違った新鮮な気持ちで学習に取り組めるようになるだろう。

まず全体のイメージを「理解して」から「覚える」というのは、どんな勉強にも使える基本的で最も効果のあるやり方なのだ。

「わからない」「おもしろくない」と感じたら、ゆったりとした気分でテキスト全体を俯瞰して大きな流れをつかめ!!

スランプに陥ったら過去の自分から「パワーをもらう」

難関試験の合格を目指して勉強を続けていると、誰でも一度は経験するのがスランプだ。今まで順調に点数を稼げていた科目で急につまずくようになったり、苦手なところを強化しようとしてもなかなか伸びなくなる。

やがて成績はいつの間にか下降線をたどるようになり、思いどおりの結果が得られなくなる。すると、不安や焦りが募ってますますスランプ状態から抜け出せなくなってしまうものだ。

そんな状態から抜け出すためには、自分の過去の実績を振り返ってみればいい。最も勉強を楽しんでいた頃のノートや模試の結果などを、もう一度じっくりと見直してみるのだ。

スランプに陥っているときというのは、どうしても自分を否定する気持ちが強くなってしまう。「自分はもうダメだ」と勝手に思い込み、今までやってきたことすらムダに思えてくることもある。

そんな強いマイナス思考の状態で調子がよかったときの自分の実績を振り返れば、なぜか過去の自分の実績が新鮮なものに思えてくるから不思議だ。

そして、その過去の実績を見て「なんだ、自分はすごいじゃないか」とか「やればこれだけできたのだから、まだいけるかも」と思えれば大丈夫。すぐにはスランプを跳ね除けることはできないかもしれないが、また少しずつ前進できるようになるだろう。

不調に陥ったときに一番怖いのは、完全に歩みを止めてしまうことだ。少しずつでも前に進めば、いずれ必ずスランプから抜け出すことができるはずだ。


勉強が辛いからといって、前に進むのをやめてはもったいない。過去の実績をパワーに前進を諦めないこと。

「プラス言葉」による自己暗示でスランプから抜け出そう

どんなに努力しても、壁にぶつかってスランプに陥るときはある。それをきっかけに「やっぱり自分には無理かもしれない」と落ち込んでしまい、急にやる気がなくなる人もいるだろう。

しかし、それを打開するのも心のしかけ方ひとつでできる。「プラスの言葉」で自己暗示をかける「アファメーション」もよく知られた方法だ。

なぜなら、人は思いのほか言葉の暗示にかかりやすいからだ。

たとえば、「なんだか顔色悪いね」とマイナスの言葉をかけられたら、それまでは意識していなくても「そういえば、ちょっと体調悪いかも」という気持ちになってくる。

逆に、女性が「最近、きれいになったね」と褒められると、本人はその気になって本当にきれいになるなど、プラスのイメージはプラスの効果を生む。

スランプに陥ったときは、この方法を使って自分自身に向かって繰り返しプラスの言葉で表現してみるのだ。実際に口グセのように言ってもいい。

たとえば、「疲れた」→「まだ元気だぞ!」、「面倒くさい」→「よし! やれる」、「失敗した」→「次にはできる」と、マイナスの言葉をプラスの言葉に置き換えていくのである。

これを「リフレーム」というが、暗示により意識が前向きになって自然とプラスの行動ができるようになるのである。

ただし、自分が本気で信じている内容であることが暗示のポイントだ。だから、何でもプラス化する必要はないことも知っておこう。

マイナスの言葉をプラスの言葉に「リフレーム」して置き換えてみると、プラスのイメージや行動が生まれてくる。

「成功モデルのプロセス」が見えればやる気を出せる

いざ資格を取りたいと勉強し始めても、どんなふうにすればいいのか、漫然としていてしだいにやる気がなくなってしまうということがある。

こんなときは、これから始める勉強の「プロセス」をはっきりと「イメージ」できるように、成功のモデルとなる他者の例や身近な友人のやり方を真似してみるといい。しかも、そのプロセスはいくつかに小分けにするのがポイントである。

具体的にどうするのかというと、まずは事前に成功例を調べておき、机に座って大きく深呼吸する。それから目を閉じて、頭の中で自分がテキストを開くのを明確にイメージする。そして、そのあとで実際に成功例の真似をしてイメージ通りにテキストを開いてみるのである。

あとはその繰り返しで、また深呼吸して目を閉じ、次には鉛筆を手に持ってテキストの問題を1ページ解いている自分を思い描く。実際に1ページ進むことができたら、また深呼吸。次は3ページ進んでいるところを思い描いていけばいい。

というのも、やる気が起きない理由のひとつは勉強のプロセスが漠然としすぎていて、自分でも何からどう始めていいのかわからないからである。はっきりとした自己イメージがないから、勉強に取り組もうという気持ちも湧いてこないのだ。

しかし、具体的なプロセスを成功のモデルとなる人のイメージでシミュレーションしていくと、実際に「できる」こととして認識していく。

プロセスを小分けにするのは、短くイメージしたほうが短時間にできるような気がして、やる気が起こりやすいからである。

勉強前に成功のモデルを見つけて
勉強のプロセスをイメージすると、
やる気が湧いてくる。

やる気が出なくても「とにかく始めてみる」のがコツ

どうしても気分が乗らないとか、やる気が出ないとき、とりあえず気分転換をしてから改めて勉強にとりかかろうと思ったことはないだろうか。

しかし、気分転換のつもりで始めたゲームに夢中になって、勉強する時間がなくなっていたなどということになったら本末転倒である。

ところが、ここにやる気づくりのコツが隠されている。何気なく始めたゲームなのにいつの間にかやめられなくなってしまうのは、自分でも気づかないうちにやる気が湧いている証拠なのだ。

ということは、勉強も一種の〝行動〟として始めてしまえば、やる気はあとからついてくるというわけである。

これは「作業興奮」と呼ばれる作用を利用した行動づくりのやり方だ。やる気が出なくてもとにかく始めてしまうと、しだいにその行動自体に熱中してしまう傾向があるのだ。

スムーズにこの作業興奮の状態になるためには、ちょっとした工夫も必要だ。初めから難問に挑戦してつまずいてしまわないように、最初は単語を書き出したり、復習をするなど、簡単な作業から入るといいだろう。

もちろん、難しい問題のほうがファイトが湧くという人はそちらからスタートしてもいい。このあたりは自分の「強み」が何かを理解して選びたいところだ。

作業興奮が高い状態では快感物質であるβエンドルフィンが出るため、その行動自体に「没頭感」（フロー感）が生まれる。

この気持ちよさはクセになり、「次もまた」という気持ちが生まれて習慣化するのである。

自分のやる気の感情よりも、行動への作業興奮を利用して「没頭感」をつくる。

「気分にあった音楽」を聴けば勉強がどんどんはかどる

やる気満々で面白いように勉強がはかどるときもあれば、こんなことをやって何の意味があるのだろうかと後ろ向きになってしまうときもある。

誰でも感情に起伏があるのは当たり前だが、それにともなってやる気まで上がったり下がったりするのはやっかいだ。しかし、仕事の都合で勉強をしているときなどはやる気が起こらなくても途中で放り出すわけにはいかないだろう。

そんなときには、音楽の効果を利用してやる気を引き出してみたい。音楽のリズムは人間の生理的なリズムに呼応するため、精神状態をコントロールできるのだ。

選曲のポイントは、今の自分の気分に合ったものであること。悲しいときには悲しい曲を、落ち込んでいるときには重い曲をといった具合だ。

これではその気持ちをさらに強める結果になるのではないかと思うかもしれないが、ポイントは少しずつ元気なテンポの曲へと移していくのだ。ちょうどダンスのように、今度は音楽に自分を合わせていくのである。

人間はそのときの心理状態に近い音楽を聴いたほうが、素早く感情を立ち直らせることができる。これは「同質の原理」と呼ばれる心理作用で、沈んだ気分でいるときにいきなり明るい音楽を聴いても受け入れられないからだ。

やる気を目覚めさせたいなら、最初だけある程度の重苦しさはあるものの、落ち着いた雰囲気の曲を選ぶといいだろう。悲愴感のなかにも力強さが感じられるベートーヴェンや、荘厳で瞑想的なバッハなどが代表的なところだろうか。

とはいえ、音楽の刺激は状況によって受け取り方が変化するので、気持ちが落ち着く曲という基準で自分のお気に入りを探してみるといい。

やる気になれないときは、そのときの気分に応じた音楽を聴く。気持ちが落ち着けば、勉強にもじっくり取り組める。

心を悩ませていることは「紙に移動させる」といいワケ

仕事でミスをしたり、友だちとケンカをしたりするなど嫌な気分を抱えていると誰でも勉強をする気になれないものだ。勉強そのものに嫌気がさしてしまうときもあるだろう。しかし、そのたびにサボっていたら勉強はいっこうにはかどらないし、それがたび重なれば勉強を続けることもままならなくなる。

こういうときには、嫌なことや悩みをすっかり吐き出してしまうに限る。嫌な気分になった原因や、勉強をしたくない理由を紙に箇条書きにするのである。じつは、この〝書く〟という行為が重要なポイントなのだ。

考えているだけだと悩みは際限なく頭中を駆けめぐり、心の中はそのせいでよけいに波立ってしまう。だが実際に文字にしてみると、膨大に見えた悩みでも無限に書き続けることはできないはずだ。つまり、悩みの悪循環を断ち切れるのである。

もちろん、これで解決策が生まれるわけではないのだが、この行動は心理療法でも「カタルシス効果」として知られるものだ。紙に書いたことで感情を「浄化」させるわけである。

心理学の実験でも、その日に起きた嫌なできごとを書き出してから床につくと、それを忘れてぐっすり眠れたという報告がある。

それに、とりあえず目の前の課題に取り組むことは自分の心に冷静さを取り戻す効果もある。書く行為に没頭しているうちに気持ちが晴れてくるわけで、文字にして眺めてみると、悩みも不安も意外とちっぽけなものだったと自分を客観的にとらえることもできる。

そうやって嫌な気持ちを浄化してから勉強を始めればいいのだ。

気分が乗らないときには勉強をしたくない理由を書き出して全部吐き出せば、「カタルシス効果」で気持ちが切り替わる。

「強み介入法」で思考力を高めよう！

ふだんから他人の短所ばかりが気になって物事の批判を繰り返している人がいる。そんな人はその考え方を少し転換してみるといい。他人や物事の欠陥だけに目がいくネガティブな姿勢が、自分の思考力まで低下させているからである。

いつも批判的な態度でいると、何かの提案を受けたときでも「どこかに欠陥があるはず」「こんな提案でうまくいくはずがない」などと最初から否定的になって、柔軟に受け入れることができない。つまり、思考も広がりをみせないのだ。

一方で、長所や強みに目を向けて広げていくアプローチのことを「強み介入法」という。

これは強みに焦点を当てて活かしていくことで高い成果を生み出し、目標に向けての積極的な行動を導き出していくのである。

この強み介入法を毎日の生活に取り入れてみるにはまず、周囲の人の短所ではなく、長所をできるだけ見るように心がけることである。

たとえば、「この人の仕事は（時間がかかるけど）丁寧だ」とか、「この提案は（コストがかかるけど）内容は面白い」とか、マイナス面ではなく、できるだけいい評価を与えていく「リフレーミング」をするのだ。

すると、何事もポジティブに捉える姿勢が身についてきて、「自分もやってみたい」「もっとこうすれば実現できそうだ」と、強みへの行動と柔軟な思考力が格段に広がっていくのである。

また、他人だけではなく自分についても長所に目を向けるようにすると、自分に自信がついていく。すると、ますますポジティブになって「ああしたい」「こうしたい」と、思考力がさらに高まるのである。

長所や強みにフォーカスすると、物事をポジティブに捉えられて、柔軟な思考力が高まる。

「自分に能力がない」と思う前にやっておくべきこと

自分が「こうしたい」と望んで始めた勉強なのに、いざやってみるとなかなかうまく進まない。がんばっても進歩せずに、資格取得のために通っている専門学校の先生からも「ダメな生徒」と烙印を押されている気がする。

勉強を始めると、こういうどうにもならない壁にぶつかるときもある。だが、ショックを受けて落ち込んだり投げ出したりする前に、一度トライしてほしいことがある。いったい自分の「能力」とは何なのか、自分自身をよく見つめ直してみるのだ。

自分の能力を「多重知能」という視点で見直し、自分の持つ能力を複数の異なる部分能力から構成されたものとみなすと、隠れていた強みを見出せることもあるからだ。

また、自分が「やりたい」と思っていた勉強でも、残念ながら自分の能力や技術では不向きだと気づく場合もある。

たとえば、会社での経理の仕事がうまくいかず、仕事のためにと思って簿記や税理士の資格の勉強を始めたもののどうにも上達しないことがある。

そんなときに、自分の能力を分解し再検討してみると、あまり意識していなかった総務の仕事のほうが自分には向いていると改めて気づくこともある。

そこで、社会保険労務士の勉強に切り替えたら、ぐんぐん勉強が進んであっという間に資格が取れるということだってあり得るのだ。

だから、「ダメ！」の烙印を押す前に、これはチャンスだと考えるといい。落ち込んで堂々巡りをするよりは、自分の隠れた能力に光を当てられるいい機会だと思って、自分自身を洗いざらい〝分解〟してみよう。

自分に「ダメ出し」する前に、自分の能力を「多重知能」の視点で分解・検討して、何が得意で何が不得意なのか改めて考えてみよう。

「失敗こそ成功へのステップ」の本当の意味とは？

・iPS細胞を初めて作製してノーベル医学・生理学賞を受賞した京都大学iPS細胞研究所名誉所長の山中伸弥医学博士は、失敗を繰り返しながら研究を続けてきた。

彼が成功を収められた秘訣は、この「失敗」にあるといっていい。多くの人は何度か失敗すると「自分には無理だ」と投げ出してしまうが、成功する人は失敗を恐れずに、むしろそれを糧にして飛躍する能力があるからだ。

この能力は考え方しだいで、誰にでも持つことができる。

成功する人は、「この失敗を克服すれば、成功に向けてさらにステップアップできる」と、失敗を前向きなイメージで捉えている。そこで自己暗示などを無理にする必要もないのだ。

もちろん失敗すれば落ち込むだろうが、「失敗は成功の母だ」と自分の失敗の事実を素直にそのまま認めることが大切だ。そのうえで、失敗の原因をノートなどに書き出し整理しておくのだ。

重要なのは、「失敗＝悪」というイメージを逆転することだ。

そうすると、たとえ資格試験に失敗したとしてもそれをポジティブに捉えてさえいれば、どの問題で、どうしてミスをしたのかがわかる。

「次は同じようなミスを絶対にしないから、もっと高得点で受かるはずだ」と、成功に向けての意欲と自信すら湧いてくるはずである。

ポジティブ心理学では、この能力を「レジリエンス」（再起力）と呼び、重視している。

失敗はマイナスではなく、成功へのステップとして素直に事実だけを認めるようにすれば、失敗を恐れなくなる。

Column 5

天才といわれる人たちにも停滞期は必ず訪れる

勉強、仕事、そして部活にダイエットなど、これまでの人生のなかであなたはいくつ目標を立ててきただろうか。

「次の模試では上位20位以内を目指す！」「15日間でノルマ達成！」「全国大会優勝！」「1カ月で5キロ減！」…などと、目標を立てること自体はそれほど難しいことではない。

だが目標達成までには、努力し続けていても成果の出ない停滞期が必ず誰にでもやってくる。そうなるとやる気をキープするのが難しくなって思わず放り出してしまいたくなるものだ。

しかし、停滞期がすべての目標を持つ人に訪れるのなら、ドジャースの大谷翔平選手も、ノーベル賞を受賞した世界的科学者も例外ではないはずだ。

つまり、大きな功績を残した人というのは停滞期にもモチベーションを保ち続けられた人、諦めなかった人なのである。

では、成功した人はなぜモチベーションを保ち続けることができたのか。

それは、停滞期でも好調なときと同じ努力をコツコツと積み重ねることで、必ず突破口が開かれることを知っているからだ。

成長が止まっているように感じるのは、パワーが充満している証拠。そう信じられる人が目標を達成することができるのだ。

【参考文献】

『すごい「実行力」』（石田淳／三笠書房）『いつも目標達成している人の勉強術』（福田稔／明日香出版社）『すごい「勉強法」』（高島徹治／三笠書房）『先送りせずにすぐやる人に変わる方法』（佐々木正悟／中経出版）『ビジネス《最強》の心理術』（樺旦純／三笠書房）『心理操作ができる本』（渋谷昌三／三笠書房）『脳と心を味方につけるマインドハックス勉強法』（佐々木正悟／日本実業出版社）『「強いモチベーション」を生みだすプロの方法』（和田秀樹／新講社）『頭がよくなる大人のための超「勉強法」』（和田秀樹／アスコム）『1日5分 頭がよくなる習慣』（佐藤伝／中経出版）『もっと効率的に勉強する技術！』（高島徹治／すばる舎）『行動を起こし、持続する力』（外山美樹／新曜社）『〈心配性〉の心理学』（根本橘夫／講談社）『スポーツ心理学者が教える「働く意味」の見つけ方』（杉浦健／近代セールス社）『楽しい仕事 明日からやる気がわき出る心理学』（神田昌典ほか／プレジデント社）『「何をやっても長続きしない」が変わる本』（鴨下一郎／新講社）『最小の努力で結果を出す超合格法』（荘司雅彦／ダイヤモンド社）『できる人の勉強法』（安河内哲也／中経出版）『のうだま　やる気の秘密』（上大岡トメ＆池谷裕二／幻冬舎）『結果を出す人の「やる気」の技術―〝特訓〟式モチベーション術』（齋藤孝／角川書店）『勉強に集中する方法―やる気が持続する、心のつくり方』（須崎恭彦／ダイヤモンド社）『ポジティブ教育心理学』（古川真人／尚学社）『仕事に役立ち、継続的なリターンを得る　レバレッジ勉強法』（本田直之／大和書房）『大人のための勉強法』（和田秀樹／ＰＨＰ研究所）『「1日30分」を続けなさい！ 人生勝利の勉強法55』（古市幸雄／マガジンハウス）『絶対に消えない「やる気」の起こし方』（浮世満理子／実業之日本社）『知識ゼロからの勉強法』（北橋隆史／幻冬舎）『脳を〝だます〟とすべてがうまく回り出す』（三宅裕之／大和書房）『図解　心理トリック』（多湖輝／大和書房）『心に効くクラシック』（富田隆・山本一太／日本放送出版協会）『「感情の整理」が上手い人のリラックス術』（和田秀樹／新講社）『ど素人でもわかる心理学の本』（匠英一／翔泳社）『サクッとわかる　ビジネス教養　心理学』（匠英一／新星出版社）『色彩セラピー』（山内暢子／KKロングセラーズ）『他人の心理がわかる　心理学用語事典』（渋谷昌三／池田書店）『新版　科学がつきとめた「運のいい人」』（中野信子／サンマーク出版）『30日で人生を変える「続ける」習慣』（古川武士／ゴマブックス）『結果を出し続ける人が朝やること』（後藤勇人／あさ出版）『プレジデント 2008 2.18号、8.4号』（プレジデント社）『プレジデントファミリー 2009.09』（プレジデント社）『クーリエ・ジャポン Vol.083』（講談社）『Associé 2009 07／21』（日経BP社）ほか

▼本書は、『1日1分！　目からウロコの勉強法』（小社刊／2013）を改題の上、新たな情報を加えて再編集したものです。

青春文庫

認知《にんち》行動《こうどう》科学《かがく》でわかった
うまくいく人《ひと》の勉強法《べんきょうほう》

2025年 4 月20日　第 1 刷

著　　者　匠《たくみ》　英一《えいいち》

発 行 者　小 澤 源 太 郎

責任編集　株式会社プライム涌光

発 行 所　株式会社青 春 出 版 社

〒162-0056　東京都新宿区若松町 12-1
電話 03-3203-2850（編集部）
　　　03-3207-1916（営業部）
振替番号　00190-7-98602

印刷／三松堂
製本／ナショナル製本

ISBN 978-4-413-29873-5